KB265425

장미와 하나님

지 은 이 | 명성훈
펴 낸 이 | 김원중

편   집 | 김향인
디 자 인 | 김윤경
제   작 | 허석기
관   리 | 김선경

초판인쇄 | 2011년 8월 31일
초판발행 | 2011년 9월 12일

출판등록 | 제313-2007-000172(2007.08.29)

펴 낸 곳 | (주)상상나무
　　　　　 도서출판 상상예찬
주   소 | 서울시 마포구 상수동 324-11
전   화 | (02)325-5191
팩   스 | (02)325-5008
홈페이지 | http://smbooks.com

ISBN　978-89-93484-29-8 (03230)

값 12,000원

* 잘못된 책은 바꾸어 드립니다.
* 본 도서는 무단 복제 및 전재를 법으로 금합니다.

일터교회를 꿈꾸는 명성훈 목사의 감동메시지

장미와 하나님

명성훈 지음

하나님을 닮은 말씀과 세상을 가슴찡하게 바라보는
아주 특별하고도 따뜻한 **목회 칼럼집.**

상상
나무

머리글

성령의 은사와 열정으로 부흥하는 교회

장미는 아내가 가장 좋아하는 꽃이다. 아내는 장미 한 송이에 감격하곤 했다.

교회 개척하고 3년이 되던 해 5월말 어느 날이다. 상가 맞은편 아파트 단지 담장 따라 갑자기 내 눈에 들어온 장미 넝쿨이 아직도 눈에 선하다. 그 붉은 장미를 보며 교회의 자화상을 떠올렸다. 장미를 영어 이니셜(ROSE)로 풀이해 본다.

R(Revival)은 부흥이다. O(Oneness)는 일치이다. S(Spiritual gifts)는 성령의 은사이다. E(Energy)는 열정이다. "성령의 은사와 열정으로 하나 되어 부흥하는 교회"를 꿈꾸어 본다. 이제 개척 6년째가 되었다. 어느 정도 성도들이 모였고, 작년에는 분당 요지에 아름다운 성전도 건축했다. 그러나 내 마음에는 아직도 그 붉은 장미송이들이 그립다.

누군가가 심어놓은 장미의 씨앗이 터져 수많은 넝쿨을 이루고 송이를 만드신 이는 분명 하나님이시다. 바울은 심었고 아볼로는 물을 주었으되 하나님이 자라나게 하신 초대교회처럼 성시교회도 그런 교회이기를 소원한다.

한때 세계적인 교회성장의 모델이 되었던 이 땅이 지금은 교회개척 성공률이 1%도 안 되고, 매년 문을 닫는 교회가 3천개가 된다는 믿어지지 않는 통계 앞에서 절망하지 않고 계속 희망을 꿈꾸는 이유는 장미꽃을 피우게 하시는 하나님이 여전히 살아 계시기 때문이다. 내가 지금 살아 있다는 것이 전적으로 하나님의 은혜이듯이, 성시교회가 오늘도 문을 열고 하나님의 백성을 기다리며 날마다 하나님께 거룩한 제사를 올리는 것이 하나님의 온전한 은총이다.

주님께서는 베드로에게 "내가 내 교회를 반석 위에 세우리니"라고 하셨다. 지구상의 어떤 교회이든 그것이 참된 교회라면 주님이 세우신 주님의 교회이다. 주님의 교회는 주님이 책임져 주신다. 주님은 교회를 세우시기만 하지 않으신다. 그 교회를 음부의 권세라도 이기지 못하도록 지켜 주신다.

이 땅의 수많은 교회들, 특히 개척교회를 볼 때마다 연민을 느낀다. 교회를 이끄는 목회자들과 그 가족들이 얼마나 힘들고 어려울까? 그러면서도 희망의 끈을 놓지 않는다. 왜냐하면 주님이 계시기 때문이다. 주님께서 장미를 꽃피우듯 우리 교회, 모든 교회를 아름다운 넝쿨로 엮어 하나님의 나라를 세우시리라.

장미를 통해 하나님을 보듯, 오늘도 나는 교회와 성도들을 통해 하나님이 살아계심을 본다. 장미는 하나님의 얼굴이다. 장미는 한 송이라도 모두 최고로 아름답다.

감사합니다! 사랑합니다! 행복합니다!

2011년 8월

감사행 목사 명성훈

CONTENTS

제 2 부_ 전도하는 교회

제3부_ 예수님을 닮아가는 삶

어떤 고난과 시련이 있는가?
절대로 낙심하거나 좌절하지 말라.
아버지의 사랑으로 다시 일어서라.
아버지의 사랑은 기적을 낳는다.

두려워 말라 내가 너와 함께 함이니라

놀라지 말라 나는 네 하나님이 됨이니라

내가 너를 굳세게 하리라

참으로 너를 도와주리라

참으로 나의 의로운 오른손으로 너를 붙들리라.

(이사야 41:10)

제1부

기도의
놀라운
비밀

3기가 기적을 만든다

기뻐하라
기대하라
기도하라

세계 첫 시각장애 재무분석사 신순규 씨의 기사를 읽었다.

39세의 신씨는 태어날 때부터 높은 안압 때문에 10세에 시력을 완전히 잃어버렸다. 어머니는 넉넉하지 않은 살림을 쪼개 피아노를 사주었고, 이때부터 볼 수 없는 악보를 외우며 피아노를 배웠다.

미국 공연이 계기가 되어 미국 맹학교의 초청을 받은 15세 소년은 열심히 공부해서 1년 만에 일반 고등학교로 옮겼고 학생회장까지 했다. 고등학교를 졸업하고 미국 최고의 명문 하버드와 MIT에서 박사과정까지 마쳤다. 하루에 세 시간씩만 자고 공부하는 피눈물 나는 고행의 결과였다.

교수가 되기 원했지만 지도교수의 충고를 받아들여 증시 분석가의 길을 선택했다. 그의 육체적 결함으로 인해 수많은 기업의 거절 끝에 JP 모건이라는 투자은행에 취직했다. 시각장애인용 프로그램을 이용해서 기업의 실적들을 통째로 외웠다. 집에 들어가는 날보다 회사에서 자는 날이 많았다고 한다. 마침내 꿈에 그리던 애널리스트가 되었고, 맹인으로서는 세계 최초로 금융 분야 최고의 자격증인 재무분석사(CFA) 자격도 따낼 수 있었다. 자기 분야에서 상위 10%에 드는 수익률을 보장하는 전문가가 되었다.

절대 절망의 상황에서 절대 희망의 주인공인 된 신씨는 자신의 장애를 오히려 축복이라고 고백한다. 기업 분석은 시각 장애인에게 가장 이상적인 직업이라고 자랑한다. 기업의 가치를 분석하기 위해 육신의 눈보다 치밀한 분석력, 즉 마음의 눈이 더 필요하기 때문이라는 것이다.

그는 결혼도 했고 10년 만에 아들도 얻었다. 그는 이렇게 재미있게 일하면서 돈을 받아도 되나 생각할 정도로 행복하다고 한다.

그의 마지막 말이 감동적이다.

"되돌아보면 가장 좌절했을 때가 제 인생의 가장 큰 전환점이 됐던 거 같아요. 당장의 불행에 슬퍼하지 마세요, 꿈을 가지세요, 그리고 기도하세요."

그의 말은 그 어떤 설교보다 은혜로 다가온다. 그 메시지는 바로 성경의 핵심이다. "기뻐하라, 기대하라, 기도하라"의 〈3기〉가 기적을 만들어낸다. 신씨는 〈기적=기쁨+기대+기도〉라는 성경적 성공원리를 실천한 것이다.

나도 눈 때문에 심각한 고통을 겪었다. 어렸을 때부터 눈이 나빠져 시력이 마이너스 7.5까지 내려갔다. 시력 저하보다 더 괴로운 것은 눈의 통증이었다. 해가 떨어지면 더 심해서 책을 읽을 수가 없었다.

고등학교 시절 대학 입시를 앞두고 책을 읽을 수 없다는 것이 얼마나 절망적이었는지 모른다. 해가 떠 있는 낮에 모든 것을 해치우기 위해

학교에서 쉬는 시간에도 책을 읽고 암기해야 했다. 밤에는 집에 칠판을 사다가 낮에 외운 내용을 혼자서 판서하고 강의하며 공부해야 했다.

너무 힘들 때 그 당시 유행했던 모 맹인가수의 '어머니 왜 나를 낳으셨나요?' 라는 유행가를 내 노래인 양 밤하늘을 바라보며 장독대 위에서 흥얼거리기도 했다. 그러나 꿈을 잃어버리지 않았을 때 하나님께서는 치료와 축복을 동시에 허락하셨다. 대학을 나오고도 12년을 더 공부할 수 있게 하셨고 미국 유학을 통해 박사 학위까지 받게 하셨다. 눈 때문에 혼자 강의하며 공부한 덕분에 잘 가르치는 목사가 될 수 있었다.

절망은 희망의 다른 이름이다. 어떤 절망에도 슬퍼하지 말자. 오히려 기뻐하고, 꿈을 잃지 말아야 한다. 그리고 끊임없이 기도하라.

당신의 눈이 보인다면, 이 글을 읽을 수 있다면, 당신은 절망할 자격이 없는 사람이다. 시각 장애인이 할 수 있다면 당신은 더욱더 잘할 수 있다. 기적은 기쁨과 기대와 기도의 열매이기 때문이다.

행복은 선택이다

우리 그리스도인은 더욱더 행복하게 살아야 한다.
행복하게 사는 것에 죄책감을 느끼지 말아야 한다. 오히려 불행이 죄악임을 깨달아야 한다.
행복은 하나님의 선물임을 알고 적극적으로 그 선물을 취해야 한다.

신문이나 텔레비전만 보면 좀처럼 행복하기 어렵다. 우리를 불행하게 하는 뉴스로 가득하기 때문이다.

참으로 가만히만 있어도 불행해지는 시대이다. 이럴 때일수록 우리는 세상 뉴스에서 자신을 격리하여 좀 더 행복한 메시지를 접해야 한다. 신문을 접고, 텔레비전을 꺼야 한다. 성경을 읽고 기도해야 하는 것이다.

행복은 조건이 아니라 선택이다. 행복하기 위해서는 행복해지기를 기다리지 말고 행복하기로 선택해야 한다. 행복을 선택하기 전에 먼저 선택해야 할 것이 있다. 그것은 불행을 거부하기로 선택하는 것이다. 성령의 도움으로 불행을 거부하고 행복을 선택해야 하는 것이다. 불행을 거부한다는 것은 불행의 조건을 멀리한다는 것을 의미한다. 우리를 불행하게 하는 요소들을 거부하라는 말이다.

불행의 요소는 네 가지이다.

첫째, 낙심과 우울(depression)이다.

현대인의 최대 질병은 낙심과 그로 인한 우울증이다. 우울증이 심화되면 억압(oppression)이 된다. 억압에 시달리다 보면 절망적인 상황에 도달한다.

둘째, 분노와 미움(anger)을 거부해야 한다.

분노는 사람을 불행하게 한다. 분노하고 미워하는 사람은 50세 이내에 죽을 확률이 그렇지 않은 사람보다 5배 이상 크다고 한다. 미국에서만 분노를 이기지 못하고 총을 쏘고 죽은 사람이 매년 2만 명 이상이라는 놀라운 통계가 나와 있다.

셋째, 염려와 근심(anxiety)을 거부해야 한다.

대다수의 염려는 비현실적인 것이다. 일어날 확률이 없는 것을 염려한다. 우리가 염려하지 말아야 할 이유는 세 가지이다. 염려는 쓸데없기 때문이며, 결국은 손해나기 때문이며, 하나님 앞에 불신앙이 되기 때문이다.

넷째, 후회(regret)와 불평을 거부해야 한다.

불행한 실패자의 공통점은 자신에 대한 후회와 타인에 대한 불평이 심하다는 것이다. 비난, 비평, 불평 세 가지만 하지 않아도 성공과 행복의 삶을 살 수 있다고 카네기는 주장했다. 오늘날은 적극적으로 행복하기로 결심하고 행복을 추구해야 비로소 행복해질 수 있는 시대이다.

특히, 우리 그리스도인은 더욱더 행복하게 살아야 한다. 행복하게 사는 것에 죄책감을 느끼지 말아야 한다. 오히려 불행이 죄악임을 깨달아야 한다. 행복은 하나님의 선물임을 알고 적극적으로 그 선물을 취해야 한다.

성경 전도서 5장 19절에 "어떤 사람에게든지 하나님이 재물과 부요(富饒)를 주사 능히 누리게 하시며 분복(分福)을 받아 수고함으로 즐거워하게 하신 것은 하나님의 선물이라."고 했다.

여기서 '즐거워한다'는 것은 영어 성경으로 '행복해진다(be happy)'라고 번역되어 있다. 즉, 행복하게 사는 것은 하나님의 뜻이요, 선물이다. 내가 그 선물을 못 받을 이유가 없지 않은가!

그러므로 행복은 의지적으로 선택하고 결심하는 자의 받을 복이다. '악을 버리고 선을 택할 줄 아는 자의 분복'인 것이며(사 7:15), 인생은 운명에 달려 있지 않고 선택에 달려 있다는 것이다.

디즈니 영화 〈다이노소어〉에 보면 절망하는 공룡에게 지혜로운 원숭이가 충고한 말이 바로 그 말이다. 나에게 일어난 사건은 내가 어떻게 할 수 없지만 그 사건에 대한 나의 반응은 얼마든지 내가 스스로 선택할 수 있다. 날씨가 나쁜 것은 어떻게 할 수 없다. 그러나 내 마음의 영적 기상은 내가 주도할 수 있는 것이다. 인생을 주도적으로 사는 것이야말로 성공과 행복의 필요충분 조건이다.

한 가지만으로도 얼마든지 행복할 수 있다. 내가 살아있다는 것 그 자체만으로도 나는 행복하다. 행복은 곧 나의 결심이며, 행복은 선택이다. :(061029)

베트남 쌀국수와 아기 예수

신앙이란 관계이다.
예수를 믿는다는 것은 하나님과 특별한 관계를 맺는 것이다.
예수님은 우리와 하나님 사이에 멀어진 관계를 다시 가깝게 이어주는 다리이다.

우리 동네에 얼마 전 베트남 쌀국수 집이 문을 열었다. 쌀국수를 좋아했던 우리 식구들에게는 희소식이었다.

특히 막내 지민이는 쌀국수를 너무 좋아한다. 몇 차례 가서 외식을 한 덕분에 마일리지 카드에 포인트가 제법 적립되었나 보다. 지민이가 그 카드를 관리하고 있었는데 며칠 전 태권도를 마친 후 배가 고프다고 해서 그 카드를 가지고 국수집에 갔다.

오천 점이 되면 국수를 먹을 수 있다고 생각했는데 알고 보니 국수는 먹을 수 없고 닭봉(닭고기 조각 튀김) 다섯 개를 제공한다는 것이었다. 닭봉을 눈 깜짝 할 사이에 먹고 아쉬운 듯 닭뼈를 빨고 있는 지민이를 보고 매니저 아저씨가 안 돼 보였던지 쌀국수 한 그릇을 가져다 주었다.

지민이가 하도 인사를 잘하다 보니 성시교회 담임목사의 아들인 줄 알았던 국수집 아저씨가 너무 먹고 싶어 하는 아이를 보고 서비스로 제공한 것이다. 눈물이 나도록 맛있게 먹고 온 아들이 엄마에게 말했다.

"엄마, 우리가 자주 가니까 국수를 공짜로 주었어요. 이래서 단골이 좋은 건가 봐요."

그렇다.

단골이라는 친근한 관계 때문에 공짜 선물을 받은 것처럼 우리도 하나님과의 관계가 확실할 때 구원의 공짜 선물을 받을 수 있다. 아들이 그 국수집 매니저와 아무 관계가 없었다면 공짜 국수를 가장 배고플 때 그렇게 맛있게 먹을 수 없었을 것이다.

신앙이란 관계이다. 예수를 믿는다는 것은 하나님과 특별한 관계를 맺는 것이다. 예수님은 우리와 하나님 사이에 멀어진 관계를 다시 가깝게 이어주는 다리이다. 예수님이 아니었다면 우리는 감히 하나님께 가까이 갈 수 없었을 것이다.

그런 점에서 성탄절은 인류 역사상 최고의 선물이다. 만약에 예수님이 이 땅에 태어나지 않으셨다면 우리는 절망 그 자체이다. 죄로 말미암아 죽을 수밖에 없었을 것이다. 이 땅에 사는 동안 내내 죄가 주는 고통으로 비참하게 살 수밖에 없었을 것이다. 삶의 의미와 목적도 깨달을 수 없었을 것이다. 인생이 어디서 와서 어디로 가고 어디로 가는지 알지 못한 채 유리방황하며 살 수밖에 없었을 것이다. 그리고 영원한 천국, 영생 복락도 누리지 못할 것이다.

죄 사함과 삶의 목적과 영생 천국, 이 세 가지는 아기 예수가 우리에게 가져다준 구원의 선물 보따리이다. 예수가 없는 인생은 죄책감으로 시달리고, 허무와 무의미로 절망하고, 죽음과 지옥에 대해 두려워하며 살 수밖에 없다.

예수님은 우리가 하나님의 단골이 되게 하는, 아니 단골 정도가 아니라 하나님의 자녀가 되게 하는 절대 조건이다. 예수님과 친하면 친할수록 하나님의 선물이 더욱 많아진다.

법적으로는 받을 수 없는 선물도 예수님과 친하다는 이유만으로 얼마든지 공짜로 받을 수 있다. 예배의 단골, 교회의 단골, 기도의 단골, 전도의 단골, 봉사의 단골, 헌신의 단골, 성경 말씀의 단골이 될 때 우리는 하나님의 공짜 선물, 무한의 축복을 얼마든지 받아 누리고 살 수 있다.

세상에서도 자주 찾아가고 단골이 되면 대접을 받듯이 천국에서도 하나님을 자주 찾아가는 자녀들이 하나님의 특별 은총을 받을 수 있다.
:(061224)

마시멜로 이야기

이 세상에서 가장 중요한 단어는 '준비' 이다.
이 세상을 살면서 영원한 것에 투자한 자만이
천국에서 영생과 상급을 누리게 될 것이다.

이 세상에서 가장 중요한 단어는 '준비' 라고 생각한다. 오늘은 어제의 준비의 결과이다. 내일은 오늘의 준비가 낳은 자녀이다. 성경에서도 "너희는 스스로 성결케 하여 내일을 준비하라"고 했다. 어떤 일이든 철저한 준비 없이 시작한 것은 다 실패하고 만다. 실패는 아니더라도 최상의 성공은 기대할 수 없다.

오늘도 나는 경부 고속도로를 탔다. 30여 년 전 온갖 반대를 무릅쓰고 건설한 고속도로가 만약에 없었다면 오늘 우리의 처지는 어떠했을까? 국토의 동서를 관통한 영동고속도로가 그 후에 건설되고 서해안 및 몇 개의 광역권 고속도로가 새로 생겼지만 30여 년 전에 건설한 경부 고속도로는 옛 모습 그대로이다. 한두 차선이 늘어났지만 만성적인 교통정체는 이제 더 이상 고속도로가 아니라 비싼 통행료를 주고 달리는 저속도로가 되었다. 그동안 더 이상 고속도로가 추가로 건설되지 않은 탓이다. 사실 미래를 생각하는 지도자가 있었다면 제2, 제3의 경부 고속도로를 어떤 희생을 치르고라도 만들었을 것이다.

고속도로를 타면서 무심코 쳐다보는 수많은 산과 언덕에는 푸르른 나무로 덮여 있다. 민둥산이었던 우리나라 산이 이렇게 푸른 산이 된 것은 역시 40년 전부터 해마다 식목일을 공휴일로 만들면서까지 강제적으로 나무를 심었기 때문이다. 땔감으로 모든 산을 붉은 산으로 만든 북한이 만성적인 가난에서 벗어나지 못하는 것은 미래를 준비하지 못했기 때문이다.

한 세대가 가기 전에 온 나라의 민둥산이 울창한 삼림으로 덮인 나라는 전 세계에서 우리나라가 유일하다고 한다. 미래를 내다보고 준비한 리더십의 덕분인 것이다. 그런 우리나라가 갈수록 준비 부족으로 정체와 퇴보의 덫에 걸려 있다. 그리고 연일 어두운 미래전망으로 우리 마음을 답답하게 한다.

지난 2000년 포춘 글로벌 5백대 기업에 든 한국 기업은 삼성전자와 현대자동차를 포함한 12개였다. 이 숫자는 여전히 작년까지 12개에 불과하다. 우리가 7년간 제자리걸음을 하는 동안 중국과 화란이 우리를 추월했다. 1999년 세계 시장 점유율 1위인 한국 제품은 91개였다. 2004년에는 59개로 줄었다. 작년에는 더 줄어 한국 제품의 세계 시장 점유율이 2% 미만으로 추락했다고 무역협회가 발표했다.

우리나라 GNP의 4분의 1을 점하고 있는 삼성의 이건희 회장이 얼마 전에 앞으로 5년 안에 우리가 획기적인 혁신이 없으면 무엇으로 먹고 살아야 할지 걱정이 된다고 솔직한 심정을 토로했다. 지난 10년간 우리나라는 경제적으로 결정적인 준비와 투자 없이 소모적인 정치논쟁으로 날과 달을 지새워 왔다.

교회도 목회도 우리 개인의 인생도 마찬가지이다. 가장 중요한 것에 가장 중요한 투자를 하지 않는다면 미래가 어두울 뿐이다. 이 세상을 살면서 영원한 것에 투자한 자만이 천국에서 영생과 상급을 누리게 될 것이다.

부담이 되면서도 건축헌금을 준비하지 않을 수 없는 이유가 여기에 있다. 오늘 크게 성장한 교회는 거의 예외 없이 미리 땅을 구입하여 성전건축의 비전에 올인한 교회이다. 작지만 행복하게, 미래를 준비하는 스트레스 없이 가족같이 편안한 마음으로 즐기면서 목회하고 싶은 마음이 없는 것이 아니다. 그러나 그러한 자기만족이 오래 갈 수 없는 것이 문제의 핵심이다.

오랫동안 진정한 의미의 행복을 누리기 위해서는 초기의 짧은 시간에 고통스럽지만 강도 높은 준비와 투자에 집중해야 하는 것은 불변의 원칙이다.

너무 일찍 샴페인을 터뜨리거나, 말랑말랑하고 달콤한 마시멜로를 먹어버릴 수는 없는 것이다. 그것이 내일을 위한 오늘의 거룩한 고민이리라. :(070422)

물 위에서 사는 인따족

인권의 자유가 있다는 것,
십자가 복음과 교회가 있다는 것,
그리고 경제적으로 잘 먹고 살 수 있다는 것...

2007년 4월 16일부터 한 주간 미얀마 선교여행을 다녀왔다. 매년 한미준에서 부활절이 끝난 주간에 재충전을 위한 비전트립을 가지는데 올해에는 미얀마의 인레 호수 지역을 찾은 것이다.

한미준이란 10년 전부터 '한국교회 미래를 준비하는 모임'으로 한국의 차세대 목회자들 20여 명이 서로를 격려하고 목회정보를 나누고 한국교회를 위해 함께 노력하는 목회자 네트워크이다. 한국교회의 필요한 정보를 위하여 갤럽연구소와 함께 조사보고서를 두 차례 발간했고 매해 8월에 차세대 목회자인 신대원생들을 위하여 프론티어 세미나를 열어주고 있다. 이동원 목사가 회장으로 있고, 이번 여행에는 오정현 목사, 김인중 목사, 전병욱 목사, 김창근 목사 등 21명의 목회자 부부가 동행했다. 첫날 방콕을 거쳐 미얀마의 양곤에서 하룻밤 묵었다. 미얀마는 남한의 7배 넓은 땅에 6천만 명의 인구를 가진 나라로 일인당 국민소득이 2백 달러대에 머무는 세계 최빈국 중의 하나이다.

70년대까지만 해도 우리나라보다 잘살았다는 미얀마는 40년이 넘는

군사독재와 인구의 90% 이상이 넘는 불교의 우상숭배 때문에 이제는
경제규모가 우리나라의 수십 분의 일에 불과한 나라가 되고 말았다. 평
균 노동자 하루 수입이 1달러에 불과하고 교수나 의사조차도 월급이 백
달러에 미치지 못한다고 한다. 황금불탑이 많아서 '황금의 나라', 발전
이 없어 '시간이 멈추어진 나라', 그리고 빈부의 격차가 심해서 '백년
의 시간이 공존하는 나라' 라는 별명이 붙어 있다. 압도적인 선거의 승
리를 거두었지만 독재정권에 의해 연금되어 있는 노벨 평화상 수상자
아웅산 수지 여사로도 유명한 나라이다. 정치, 경제적인 이유로 망명한
사람만 3백만 가까이 태국 국경지대 등에 흩어져 있다. 기독교는 5% 미
만으로 주로 소수 종족들이 예수를 믿고 있다.

이튿날 들어간 바간시는 천년고도로서 불탑(파고다)과 절간이 4천
개가 넘는다. 유네스코에 의해 세계문화 유산으로 지정되어 있지만 전
기, 교통 등이 열악하여 사람들이 많이 찾지 못하고 있다고 한다. 그 많
은 불탑 사이에 단 한 곳의 십자가도 보이지 않았다. 불상 앞에 무릎을
꿇고 복을 비는 모습, 없는 돈에 황금을 사서 불상에 붙이며 절을 하는
모양 등이 우리만 보면 우르르 몰려오는 거지아이들과 함께 오버랩이
되어 떠오른다.

그 다음날 찾아간 인네 호수는 자연으로는 세계적인 곳이지만 그 물
에서 사는 사람들 때문에 안타까운 지역이다. 가로 22Km, 폭 11Km에
이르는 호수 부근에 18개의 마을, 15만 명이 살고 있다. 이곳 주민들은
태어날 때부터 일생을 배와 함께 생활하며 호수 위에서 자고 먹고 농사
짓고 가축을 기르고 있다. 배설한 물을 다시 마시고 그 물로 목욕도 하

고 빨래도 한다. 수초를 거두어 비료를 삼아 수경재배를 하며 농사를 짓는다. 손이 아닌 발로 노를 젓는 모습, 금방 쓰러질 것 같은 초가에서부터 고급 호텔까지 물 위의 각양각색의 수상가옥, 물 위에 지은 초등학교만 100여개가 넘고 동네마다 최고의 건물은 불교사원이 되어 있는 모습을 보면서 많은 것들을 생각하게 된다.

그 가운에서도 이동현 선교사의 헌신과 희생으로 지어진 교회를 찾았다. 핍박으로 인해 길을 막자, 새로운 물길을 2Km나 파서 '예수쟁이의 길'을 만들었다. 그곳에 순수하고 착한 성도들이 예배를 드리고 있었다.

고단한 여정이었지만 다시 한 번 우리 자신과 대한민국과 조국교회에 깊은 감사를 드릴 수 있었다.

인권의 자유가 있다는 것, 십자가 복음과 교회가 있다는 것, 그리고 경제적으로 잘 먹고 살 수 있다는 것, 세 가지를 구체적으로 감사드린다. 이 시대 이 땅에서 사는 것이 행복하여라! :(070506)

버지니아 비극이 주는 영적 교훈

슬픔과 절망보다 희망과 치유를 노래하는 기독교 정신,
배우고자 하는 것을 포기하지 않을 때 절대 비극도 절대 행복의 또 다른 기회가 된다

미국 버지니아 공대 총기 난사사건을 처음 듣게 된 것은 미얀마 선교 여행 중 바간(Bagan)시의 어느 호텔 CNN을 통해서이다.

긴급 뉴스에서 어느 아시아계 남자가 32명의 교수와 학생을 죽였다는 끔찍한 보도를 접했다. 함께 동행한 한미준의 목사님과 사모님들은 저녁을 먹는 내내 걱정하고 기도했다. 제발 한국인이 아니기를…

그러나 그 다음날 밝혀진 내용은 우리를 경악하게 하였다. 23세의 영문과 남학생 한국인 조승희가 그렇게 끔찍한 참사의 주인공이라니 믿어지지가 않았다. 범인이 한국인이냐 아니냐는 사실상 중요한 이슈가 아니었다. 하나님의 형상으로 창조된 인간이 그런 일을 저지를 수 있다는 것 자체가 우리를 슬프게 한 것이다.

이 참사에 대해 몇 가지 영적 교훈을 배우게 된다.

첫째, 인간의 악마성과 죄성이다. 인간이 하나님을 닮은 존재로 창조되었지만 결국 죄인이기에 그 죄성이 근본적으로 해결되지 않고서는 악마의 도구로 전락할 수밖에 없는 것이다. 역사상 이보다 더 끔찍한

죄를 저지른 인물은 얼마든지 있다. 인간은 스스로 어쩔 수 없는 존재이다. 죄의 독성을 제거하지 않는 한 누구도 사탄의 도구로 이용당할 수 있다는 것이다. 범인이 진정 하나님을 만나고 구원을 받았다면 이 같은 참사의 주역이 될 수 없었을 것이다.

둘째, 우리는 끊임없이 긍정의 선택을 해야 한다는 것이다. 같은 사건, 같은 상황에서도 어떤 선택을 하느냐가 우리의 운명을 결정한다. 같은 부모 밑에서 자랐지만 범인의 누나는 전혀 다른 삶을 살고 있다는 것이 밝혀졌다. 조승희의 누나는 밝고 명랑했고 전형적인 성공자의 삶을 살고 있는 반면 그 동생은 사상 최악의 총기난사 사건을 저지른 살인자가 되었다. 누나는 동생과 달리 성취지향적이고 사람들과 잘 어울리며 겸손한 사람의 상징과도 같았다. 태국과 미얀마 국경지대에서 봉사하고 헌신하는 기간을 지내면서 "내 생애 가장 놀라운 3개월이었다"라고 소감을 말했던 그녀는 그 경험을 바탕으로 이라크 재건관리국에서 일해야겠다는 결심을 했다고 한다. 누나는 절대긍정을 선택했고 동생은 절대부정을 선택한 것이다.

셋째, 성숙한 대처와 대응이다. 그 같은 사건이 우리나라에서 일어났으면 어떠했을까 하는 생각이 나만의 느낌이 아닐 것이다. 우리의 경우 죽은 자식 살려내라는 유족들의 울부짖음이 추모장을 시끄럽게 했을 것이다. 대학당국과 경찰책임자의 처벌을 요구하는 소란과 데모가 끝나지 않았을 것이다. 범인의 가정과 출신 국가에 대한 보복성 규탄과 공격이 난무했을 것이다.

그러나 미국은 달랐다. 책임자의 멱살을 잡기보다 희생자들을 추억하며 그 영혼을 위하여 기도했다. 심지어 살인자를 포함하여 33명 모두를 희생자로 여기고 불쌍히 여기는 태도를 취했다. 대학 자체도 절망하지 않고 희망의 구호를 외치고 있었다. 책임자 처벌보다는 사태수습에 총력을 기울이면서 자신의 총체적인 문제와 아픔으로 반성하는 모습이다.

역시 성숙하고 선진화된 사회의 모습이다. 슬픔과 절망보다 희망과 치유를 노래하는 기독교 정신이 삶과 인격에 스며든 공동체의 모습이다. 이것을 우리가 배워야 하리라. 무조건 성공하고 출세하고 돈 많이 벌고, 다른 사람은 어떻게 되든 나만 잘 먹고 잘 살면 된다는 가치관은 성경과 기독교와 거리가 먼 사상이다.

이번 사건으로 우리는 가정에서 자녀를 제대로 키우고, 교회에서 젊은이들을 제대로 변화시키고, 학교에서 제자들을 제대로 양육하고, 사회에서 시민들을 제대로 살게 하는 진정한 노력을 기울여야 할 것이다.

어떤 경우에도 배우고자 하는 것을 포기하지 않을 때 절대 비극도 절대 행복의 또 다른 기회가 될 것이다. :(070429)

개보다 못한 인생

하나님을 떠난 인간은 개보다 못할 수도 있다.
그러나 하나님을 만난 인생은 개보다는 훨씬 나아야 한다.

얼마 전 '에이트 빌로우'(Eight Below)라는 영화를 비디오로 보았습니다. 아주 감동적이었습니다. 여러분 꼭 보시기를 권합니다.

디즈니에서 나오는 영화가 다 좋지만 실화를 바탕으로 가족이 함께 볼 수 있는 영화는 그리 흔치 않은데 이 영화야말로 모든 사람이 즐기면서 많은 것을 배울 수 있는 작품입니다.

지질학자 데이비스와 남극의 탐사대원 제리는 남극 기지에서 8마리의 썰매 개의 도움을 받아 탐사에 나섭니다. 잘 숙련된 8마리의 썰매 개 때문에 지질학자는 얼음물 속에 빠져 죽기 직전 기적적으로 살아납니다. 갑작스러운 눈폭풍이 몰려오자 대원들은 썰매 개들을 남겨두고 남극을 떠납니다. 생존이 불가능한 땅 남극에 버려진 개들은 제리의 약속을 기다리며 추위와 배고픔, 악천후 속에서 175일이나 버팁니다. 결국 썰매 개를 잊지 못한 제리와 친구들은 6개월 만에 다시 돌아오게 되고 생존한 5마리의 개와 감격적인 해후를 가지게 됩니다.

그런 말이 있습니다. "살고자 하는 의지를 과소평가하지 말라. 특히 그들 곁에 가족이 있을 때는." 실화를 바탕으로 한 이 영화의 주제는 생존에의 의지입니다. 극한 상황에서도 평범한 사람과 하잘것없는 동물에게 엄청난 의지와 잠재력이 얼마든지 가능하다는 것을 감동적으로 보여주고 있습니다.

이 영화를 통해서 몇 가지 은혜받은 것이 있습니다.

첫째, 우정과 충성심입니다. 개가 인간에게, 인간이 개에게 줄 수 있는 사랑의 극치를 보게 됩니다. 개들이 주인에게 얼마나 충성하는지, 그것은 본능과 훈련을 넘어선 사랑의 표현같아 보입니다. 목숨을 걸고 사람을 구하는 용기에 감탄을 합니다. 자기 자신을 위해서는 도피하고 오히려 남을 해치는 인간보다 개가 훨씬 더 나을 수 있음을 보여줍니다. 지질학자가 실족해서 얼음 바다 속으로 빠져들어갈 때 로프를 물고 살금살금 기어가 사람을 살리는 모습이 극적입니다.

둘째, 협력과 팀웍입니다. 개들이 얼마나 서로를 위하는지 모릅니다. 부상당한 개를 둘러싸고 그 개가 숨을 거둘 때까지 얼음과 눈보라 속에서도 떠나지 않습니다. 새를 먹이로 잡았을 때 혼자 먹지 않고 나누어 먹습니다. 우두머리 개에 순종하고 그 개가 죽자 다른 개를 지도자로 세우면서 협력합니다. 혼자서는 다 죽었을 터인데 서로 협력하고 팀웍을 발휘함으로써 마침내 고난을 이깁니다.

마지막으로 집념과 희망입니다. 주인공 제리도 개들을 다시 만나기 위해 포기하지 않습니다. 개들도 주인을 만날 것을 바라보고 기다리며 생존에 성공합니다. 서로 몸을 기대고 서로 무리를 지어 극한 고난의 태풍을 이겨 나가는 모습에 인간으로서 우리 자신에 대해 부끄러움을 느낍니다.

쉽게 절망하고 포기하는 인간, 자기만을 위해 협력은커녕 남을 해치고 죽이기까지 하는 인간, 그런 인간보다 이 영화에 나오는 개들이 얼마나 나은지. 무엇보다 개들은 죄를 짓지 않는다는 점에서 인간보다 나은 것 같습니다.

그러나 그럼에도 불구하고 인간은 여전히 절대적 가치를 지닌 귀한 존재입니다. 죄인이지만 하나님을 예배할 수 있고, 하나님에 의해 변화될 수 있기 때문입니다. 하나님을 떠난 인간은 개보다 못할 수도 있습니다. 그러나 하나님을 만난 인생은 개보다는 훨씬 나아야 합니다.

개들을 통해 나타나는 사랑, 우정, 희망, 의지, 인내, 협력, 용기가 우리에게 충만하여 어떠한 고난과 시련도 이길 수 있기를 기대해 봅니다. 에이트 빌로우의 개들보다 나은 인생이 되리라! :(060730)

생각은 에너지다

하나님은 우리 인간에게만 생각과 언어를 주셨다.
생각이 창조의 에너지라면 언어는 그 에너지를 가져오는 그릇이요 통로이다.

"생각은 에너지다."

우리나라 대기업 중의 한 회사가 이미지 광고에 쓴 광고카피의 글이다. S회사는 지구 반대편을 파서 석유를 개발했다는 것이다.

우리나라에 석유가 한 방울도 나지 않지만 지구 반대편의 산유국의 석유를 파서 석유관련 제품으로만 작년에 11조원의 수출을 달성했다고 한다. 석유가 안 나온다고 석유산업이 불가능하다는 생각을 버리고 다른 곳에서 석유를 파서 석유화학 제품을 만들어 팔면 될 것이라는 생각이 엄청난 성공을 가져왔다.

그 회사는 자랑스럽게 말한다. "생각이 대한민국을 에너지 강국으로 만들고 있습니다."

그렇다. 에너지가 없는데도 생각 때문에 에너지 강국이 될 수 있다. 하나님이 인간에게 주신 가장 위대한 자원은 물질적 자원이 아니라 생각이라는 정신적 자원이다.

KBS의 수요기획에서 박진영의 뉴욕스토리를 시청했다. 박진영은

10년 전에 가수로 데뷔한 사람인데 나는 그의 노래에 대해서는 전혀 문외한이다. 가끔 격렬한 댄스로 온 몸과 마음을 다해 노래하는 모습을 본 적이 있을 뿐이다.

그런데 어제 다큐를 보면서 많은 도전을 받았다. 박진영은 최고의 인기를 누리던 가수생활을 접고 세계적인 대중음악 사업가가 되기 위해 미국으로 건너갔다. 그는 가수로서가 아니라 작곡가와 음악 사업가, 특히 새로운 가수를 만들어 스타로 만드는 일에 뛰어난 사람이다.

최고의 수확이 바로 한국과 아시아를 넘어 미국까지 진출한 세계적인 가수 '비'를 탄생시킨 것임은 대중음악을 전혀 모르는 나도 아는 사실이다. 박진영은 아시아 최초의 세계적인 가수를 만들기 위해 5년 전부터 미국에서 전심전력하고 있다. 여러 명의 한국과 아시아 신인들을 밤낮으로 훈련시켜서 음악과 아티스트 발굴의 획기적인 역사를 창조하는 꿈을 꾸고 있다.

뉴욕 맨해튼에 자신의 회사를 설립한 뒤 하던 말이 인상적이었다.

"저 맨해튼에 나의 건물을 가지고 있다는 것이 이제 꿈을 이루는 시작이 되었음을 의미합니다. 그런데 그 회사는 아주 작습니다. 그러므로 아직 갈 길이 멀다는 것을 의미하기도 합니다. 이제 내가 시작을 했지만 내 뒤에 또 다른 후배들이 그 길을 훌륭하게 걸어갈 것입니다."

대중가수 출신이 유창한 영어로 하버드 대학교 세미나에서 한류(Korean Wave)에 대해 강의를 하며 기립박수를 받는 모습을 보면서 가슴 뿌듯한 감동을 느꼈다. 한국과 아시아에 만족하지 않고 세계시장인 미국에서 성공하겠다는, 또 성공할 수 있다는 그의 생각이 바로 엄청난 에너지가 되어 수많은 인맥을 끌어들이면서 불가능을 가능으로, 꿈을 현실로 만들어가고 있다.

너무 늦은 밤이기에 잠이 오지 않아 신웅진이 쓴 〈바보처럼 공부하고 천재처럼 꿈꿔라〉란 책을 읽었다. 우리나라 최초로 유엔 사무총장이 된 반기문 장관의 이야기이다. 세계의 대통령이 된 반 총장도 어렸을 때부터 외교관이 되어 한국을 빛내겠다는 생각이 에너지가 되어 목숨 걸고 영어를 공부하여 오늘의 영광을 차지했다는 내용이다.

하나님은 우리 인간에게만 생각과 언어를 주셨다. 생각이 창조의 에너지라면 언어는 그 에너지를 가져오는 그릇이요 통로이다. 그래서 성경은 수없이 생각을 지키고 말을 조심하라고 하는 것이다.

우리는 하루에도 100번 이상 선택을 한다고 한다. 절대긍정의 좋은 생각과 좋은 말을 하기로 선택해야 한다. 그러면 반드시 좋은 일이 일어난다.

우리 인생, 우리 교회의 최대 에너지는 생각이다.

하나님이 주신 창조적인 생각으로 충만하시기를 주님의 이름으로 축원합니다!   :(070415)

아프가니스탄 인질사건이 주는 영적 교훈

실수를 통해 더 큰 성공을 거두기 위해서는 실수를 솔직히 인정하고,
실수에서 교훈을 배우고, 동일한 실수는 다시 반복하지 않아야 한다.

아프가니스탄에서 기독교 봉사단 일행이 인질로 잡힌 지 40일 만에 석방된다는 반가운 소식을 들었다.

참으로 반갑고 감사한 일이다. 모든 국민들, 특히 교회와 성도들이 밤낮으로 중보했는데 이제 그 기도가 응답되어 19명의 생명이 보존된 것이다. 우리 성시교회에서도 매 예배 때마다 인질들의 무사귀환을 위해 기도했다.

하나님은 우리의 기도에 응답하시는 분이시다. 좀 더 일찍 응답되었으면 좋았겠지만 40일 만에 응답된 것은 또 다른 하나님의 계시라고 본다.

40이라는 숫자는 시험과 시련의 숫자이다. 출애굽한 이스라엘이 가나안 땅을 40일간 정탐했다. 부정적인 보고로 인해 하나님은 이스라엘 백성을 하루를 일년으로 계산하여 40년간 광야에서 방황하게 하셨다. 40년의 유랑생활을 그친 후에야 젖과 꿀이 흐르는 가나안에 입성할 수 있었다. 예수님도 40일을 금식하시면서 공생애를 준비하셨다. 아프가

니스탄의 인질들이 40일간 죽음의 공포와 두려움 끝에 자유의 몸이 되었다는 것은 인내와 시련의 기간이 끝나면 마침내 하나님의 기적이 일어날 수 있음을 말해준다. 하나님의 때가 되면 하나님의 뜻이 이루어진다.

그런데 하나님의 기적을 감사하면서도 이번 사건이 주는 영적 교훈을 생각하지 않을 수 없다. 왜냐하면 19명의 목숨을 건지기 위해서 너무나도 많은 대가를 치렀기 때문이다.

이번 석방의 조건 다섯 가지 중에 두 가지는 그리스도인으로서 매우 안타까운 결정이다. 아프가니스탄에서의 모든 봉사단체가 철수해야 하고, 앞으로 기독교 선교는 불가하다는 것이다.

이 결정을 보면서 우리는 몇 가지 값비싼 교훈을 얻게 된다.

첫째로 무슨 일이든지 목적이 분명해야 한다는 것이다. 이번 봉사단이 진정 봉사의 목적을 최우선으로 생각했다면 좀 더 신중했어야 했다. 아프가니스탄을 돕고 복음화하는 목적에 철저했다면 무분별한 단기봉사보다는 그 목적을 실제로 이룰 수 있는 장기사역에 집중했어야 할 것이다.

둘째, 설사 목적이 정당하더라도 그 목적을 이루는 전략과 방법이 좀 더 지혜로워야 한다. 현지사정에 대한 이해, 이동에 대한 사전정보, 전문적인 현지안내 등 위험지대일수록 더 치밀한 준비와 전략이 필요하다. 그곳에서 오랫동안 은밀하게 장기선교를 하는 선교사에게 요란하게 드러내는 단기선교는 오히려 치명적인 장애가 될 수도 있다. 실제 그런 보고를 여러 루트를 통해 받아보았다.

결국 이번 사건으로 아프가니스탄에서 오랜 기간 성공적인 사역을 하던 모든 선교사와 봉사자들이 그 땅을 떠날 수밖에 없게 되는 엄청난 손실을 보게 되었으니 이 얼마나 안타깝고 참담한 일인가.

주의 일일수록 열심히 하는 것보다 잘하는 것이 중요하다. 그러나 이 모든 부정적 결과에도 불구하고 낙심하지 않는 것이 더 중요하다. 이번 사건이 뼈아픈 교훈이 되어 다시는 이런 실수를 허용하지 말아야 한다. 실수를 통해 더 큰 성공을 거두기 위해서는 실수를 솔직히 인정하고, 실수에서 교훈을 배우고, 동일한 실수는 다시 반복하지 않아야 한다.

또 한 가지 이번 사건을 통해 깨닫는 것은 국가의 중요성이다. 개인의 실수로 인한 비극이었지만 그들이 대한민국 국민이기에 온 국민과 정부가 혼신의 노력을 기울여 결국 19명의 생명을 구출해 낼 수 있었다. 우리는 그리스도인이기 전에 대한민국 국민이다. 국가가 강성하여 국민을 보호하는 힘을 가지도록 더욱 기도해야 할 것이다.

심기일전하여 나라와 민족을 위해 크게 기여하는 반전의 역사가 일어나기를 간절히 소원한다.　　:(070902)

그리스도인에게 절대절망은 없다

자살은 타인을 죽이는 살인보다 용서받기 어려운 죄이다.
살인은 자기가 살아 있기에 회개할 수 있지만
자살은 회개할 기회조차 얻을 수 없다.

최근 들어 연예인들의 연이은 자살 사건으로 많은 사람들이 안타까워하고 있다. 사람의 감정과 관심은 시간이 지나면서 금방 시들해진다. 얼마 전 정모 탤런트의 자살사건도 한두 주일이 지나면서 사람들의 기억에서 사라지고 있다.

그런데 이 자살사건을 다시 거론하는 이유는 최근의 자살한 세 사람 모두 독실한(?) 크리스천이라는 점 때문이다. 이인경 기자는 이은주, 유니, 정다빈 등의 공통점이 세 가지라고 했다. 자라온 가정환경이 순탄치 않았다는 점, 어린 나이에 연예계에 데뷔했다는 점, 그리고 모두 자타가 공인하는 기독교 신자라는 점이다. 세 사람 모두 아버지 없이 어린 시절부터 자랐고, 실질적으로 가장 노릇을 하는 등 삶에 어려운 시련과 역경이 있었다고 한다.

삶의 고단함을 극복하기 위하여 종교 특히 기독교 신앙을 택했을 가능성이 크다. 실제로 이들은 교회에 출석하고 하나님께 기도를 드리고 일기나 홈페이지 등에 신앙고백 등을 표현하는 등 활동적인 그리스도인을 보여준 것이 사실이다.

그럼에도 불구하고 왜 그들은 기독교에서 금지하는 자살을 선택하였을까? 얼마나 견디기 힘들었으면 스스로 목숨을 끊어야만 했을까 하는 안타까움과 동정으로 이해해 볼 수도 있을 것이다.

그러나 그리스도인의 자살은 많은 사람을 혼란스럽게 한다. 자살도 엄연한 살인이므로 그들이 자신을 죽이는 살인을 한 이상 구원을 못 받고 천국에 들어갈 수 없을 것이라는 기독교의 근본 가르침을 받아들이기가 쉽지 않기 때문이다. 일단 구원을 받았다면 자살을 할 수 없다고 할 때 그렇다면 그들이 진정으로 거듭난 것이 아니라 자신의 고통을 해소하기 위해 종교를 택하여 심리적으로 위안을 받은 것에 불과하다고 볼 수도 있을 것이다.

아무튼 그리스도인의 자살, 특히 인기있는 연예인들의 자살은 그리스도인들조차 자살해도 되는 것이 아닐까 하는 유혹을 가지게 할 수 있다. 무엇보다 이성과 의지가 성숙하지 못한 어린이들이나 병약한 사람들에게 자살의 충동을 합리화하는 기회가 될 수 있다. 실제로 많은 어린이들이 교회학교에서 이들 자살사건에 대해 혼란스러운 질문을 제기한 바 있다고 한다.

결론적으로 말한다면 기독교 입장에서 자살은 절대로 허락될 수 없다. 구원받은 몸이라면 그 몸은 자신의 것이 아니라 하나님의 소유이다. 하나님의 소유를 자신이 없애는 것은 용서받을 수 없는 죄인 것이다. 자살은 타인을 죽이는 살인보다 용서받기 어려운 죄이다. 살인은 자기가 살아 있기에 회개할 수 있지만 자살은 회개할 기회조차 얻을 수 없기 때문이다. 진정으로 예수를 믿어 구원받은 자라면 그 안에 성령께서 내주하신다. 그 성령께서 자살의 유혹을 능히 이길 수 있게 하신다. 진실로 하나님이 그 안에 계시다면 하나님께서 자살을 하도록 내버려 두시지 않으실 것이기 때문이다.

그리스도인에게는 절대절망이란 있을 수 없다. 힘들수록 더욱 더 하나님께 가까이 가야 한다. 신앙이 없는 사람들과 어울린다든가 세상적인 방법으로 자신의 문제를 해결해 보고자 할 때 더 이상 희망이 보이지 않고, 그런 상황에서 사탄의 소리에 귀를 기울이고 목숨을 끊는 것이 자살의 본질이다. 흔히 자살할 용기가 있으면 그 용기를 가지고 더 열심히 살아야 하지 않겠느냐는 말을 듣는다.

그리스도인에게는 절대절망이란 존재하지 않는다. 이 세상의 어떤 것도 그리스도 안에 있는 하나님의 사랑을 끊을 수 없다. 절대긍정의 힘이 여기서 필요하다. 자살을 거꾸로 하면 살자가 된다. 자살에 대한 생각은 절대적으로 마귀가 주는 유혹이다. 그리스도인은 자살할 수 없다. 자살의 영은 물러갈지어다! :(070218)

절망을 몰아내는 영화 〈밀양〉

누구나 인생의 절벽에 설 수 있다.
그러나 그 모든 절망은 예수 그리스도를 제대로 만나기만 하면 한꺼번에 해결된다.
기독교적 색채가 가득한 기분좋은 영화…

석가탄일 휴일, 원래 교회에서 체육대회를 계획한 날이었다. 하도 방송에서 큰 비가 백프로 내린다는 일기예보 때문에 어쩔수 없이 체육대회를 가을로 옮겼다.

그런데 오전내내 흐리기만 하다. 얼마나 속상하던지, 계속 비가 오기만을 기다리다 친구 목사님 내외와 함께 오리 CGV 영화관을 찾아갔다. 그날 따라 사람이 얼마나 많은지, 결국 동백 롯데 시네마에서 가장 표가 많이 남은 영화를 선택한 것이 〈밀양〉이었다. 여주인공 전도연이 칸 영화제에서 주연상을 받았다니 더 기분이 좋아졌다.

영화 〈밀양〉은 완전한 절망에 빠진 사람들이 공감하는 장면으로 가득 차 있다. 주인공 신애(전도연)는 교통사고로 죽은 남편의 고향 밀양을 내려간다. 그 첫 장면에서 '밀양' 이라는 도시가 'Secret Sunshine' (빛이 빽빽하게 모인 곳)이라는 뜻을 제대로 알게 되었다. 낯선 도시에서 정을 붙이며 살려는데 아들 준이 다니던 웅변학원 선생에게 유괴를 당해 죽임을 당한다.

이웃 약국 주인의 전도로 예수를 믿게 된 신애는 원수를 사랑하라는 하나님의 말씀을 실천하기 위해 교도소로 유괴살인범을 면회하러 간다. 감옥에서 만난 원수는 아주 편안한 표정으로 하나님을 믿어 모든 죄를 용서받아 마음이 평안하다고 천연덕스럽게 말한다. 그 말을 들은 신애는 기가 막힌다. 자기가 용서를 하기도 전에 먼저 하나님께 용서받았다는 말에 무기력한 분노에 사로잡히게 된다.

그 후 신애는 하나님을 원망하고 세상을 향해 복수심을 가지게 된다. 그렇다고 남을 해치지도 못하고 결국 자신을 괴롭히며 정신 이상 상태에 놓이기도 한다. 신애에게 사랑을 느끼며 순수하게 다가가는 카센타 사장(송강호)은 머리를 자르는 신애에게 거울을 보여준다. 그러면서 카메라는 마당을 비추는 따뜻한 햇살로 마지막 엔딩을 처리한다. 어떤 절망에도 불구하고 삶은 계속된다는 일상의 본질을 보여주는 장면이다.

그리스도인의 입장에서 이 영화를 보면서 느낀 점이 예사롭지 않았다.

첫째, 인생은 누구나 힘든 것이라는 점이다. 평범한 사람에게도 절망적인 사건이 얼마든지 일어날 수 있다. 남편과 아들을 동시에 잃는 비극이 결코 남의 이야기만은 아니라는 것이다.

둘째, 삶에는 의미가 가장 중요하다는 것이다. 신애가 살인자를 용서하러 갔을 때 그 용서를 받아주는 상황이 되었다면 신애는 또 다른 절망을 가질 필요가 없었을 것이다. 그 살인자가 비록 하나님께 먼저 용서를 받았다고 하더라도 신애의 인간적인 사랑의 접근을 받아들이는 겸허함이 필요했던 것이다.

셋째, 인생은 결국 사랑이라는 것이다. 하나님의 사랑만 가지고는 부족한 것이 인간의 현실이다. 끝까지 보호자이기를 고집하는 송강호의 인간적 사랑이 전도연의 절망을 희망으로 바꾸어줄 것이라는 암시를 준다. 아픔을 위로해 주는 고마운 존재가 있는 한 절망은 절대로 망하지 않는 희망의 씨앗이 된다. 아무런 보답 없이도 누군가에게 고마운 존재가 되는 것이 진정 사랑임을 깨닫게 된다.

교회와 신앙의 장면이 여과없이 표현되었기에 그리스도인이 보면 좋을 영화이다. 신애의 아이가 유괴되어 변을 당하는 장면은 우리 부부에게 더욱 가슴 저리게 다가오기도 했다.

누구나 인생의 절벽에 설 수 있다. 그러나 그 모든 절망은 오직 예수 그리스도를 제대로 만나기만 하면 한꺼번에 해결된다. 이창동 감독이 종교영화가 아니라고 했지만 오랜만에 스크린에 기독교적 색채가 가득한 것이 기분 좋은 영화이다. 비밀의 빛(밀양)은 바로 예수님이시다.

:(070603)

슬럼독 밀리어네어

인생은 꿈이다.
인생은 열정이다.
그리고 인생은 사랑이다.

그리스도인이 영화를 볼 때에는 기도하는 마음이 되어야 한다. 좋은 영화를 선택하기 위하여, 또 영화를 볼 때 은혜받기 위하여 기도하는 것이다. 어쩌다가 좋지 않은 영화를 보면 시간이 아까울 뿐만 아니라 영적으로 엄청난 손해를 보기 때문이다. 재미도 있고 감동이 있고 거기에 메시지까지 있으면 그 영화는 기도응답이다.

나는 그리스도인일수록 기도하는 마음으로 좋은 영화를 보아야 한다고 생각한다. 몇 천원을 투자해서 우리가 경험할 수 없는 세계와 인간을 가장 리얼하게 만날 수 있는 길이 영화 관람이기 때문이다. 전도와 선교를 위해서는 인간을 이해하고 문화를 접촉해야 한다. 직접 세상에 들어가기가 어려운 신앙인은 영상을 통해서 간접적인 경험을 할 수 있다. 그 경험을 영적으로 승화시키면 자신에게 유익이 될 뿐만 아니라 세상을 이해하고 복음을 효과적으로 전하는 데에도 가치가 있기 때문에 하나님께서도 기분 좋아 하시리라 믿는다.

오랜만에 그런 영화를 볼 수 있었다. 〈슬럼독 밀리어네어〉, 말 그대로 슬럼가 즉 빈민가의 기적을 그린 영화이다. 2009년도 아카데미 8개 상을 휩쓴 이 영화는 2200만 명이 사는 인도 뭄바이의 가난한 동네에서 그 이야기가 시작된다. 그 빈민가 출신의 18세 소년 자말이 인도 최고의 퀴즈쇼에 출연하여 기적같이 우리 돈으로 5억 이상의 상금을 타는 과정을 통해 꿈과 사랑을 보여주는 휴먼 감동 드라마이다. 퀴즈 문제를 직접 푸는 듯한 긴장감과 가난한 아이들의 삶의 과거와 현재를 교차하며 재미와 스릴을 느끼게 하여 시간 가는 줄 모르게 스토리가 진행된다.

영화는 정규교육도 받지 못한 자말이 체험한 삶의 특별한 에피소드들과 운명처럼 만나는 여자친구 라띠까와의 순수한 사랑의 감동적인 이야기이다. 영화의 배경이 되는 인도 빈민촌의 모습과 가난한 사람들의 현실, 어느 세상에서나 활개치는 악과 거짓의 폭력, 그리고 인도 최고의 관광지 타지마할 묘 등의 장면과 신비로운 음악까지, 퀴즈쇼의 드라마틱한 전개와 가슴 따뜻한 사랑 이야기가 관객들에게 다시 한 번 보고 싶은 여운을 남긴다. 이 영화는 흥행에도 성공하여 1400만 불을 들인 제작비에 수십 배가 넘는 수익을 거두고 있다고 한다.

그리스도인으로서 이 영화를 통해 세 가지 메시지를 정리해 본다.

첫째, 인간은 꿈을 먹고 사는 존재라는 것이다. 자말의 현실은 비참하기 이를 데 없다. 그러나 그는 퀴즈쇼에서 돈을 벌어 사랑하는 여인과 함께 하고픈 간절한 소망이 있었다. 그 꿈과 소망이 기적이 되어 이루어진 것이다. 꿈을 포기하지 않는 한 하나님은 인간의 꿈을 이루어주신다.

둘째, 인생은 열심히 사는 것이다. 가난하고 비참한 현실에서, 어머니가 폭도의 손에 죽었지만 자말 형제는 열심히 살았다. 산전수전 다 겪으면서도 삶을 포기하지 않고 열정적으로, 적극적으로 삶을 꾸려나갔다. 그 삶의 체험이 퀴즈의 해답이 되어 학박사가 못 푸는 문제를 푸는 기적을 낳은 것이다.

셋째, 인생은 사랑이라는 것이다. 형제의 사랑, 친구의 사랑, 그리고 이성과의 사랑이 영화 처음부터 끝까지 물결처럼 흐른다. 조폭 두목의 첩으로 절망하는 라띠까를 구출하려고 할 때, 라띠까가 가난한 자말에게 묻는다. 돈도 없는 상황에서 무엇을 먹고 살 수 있겠느냐고. 그럴 때 자말이 "사랑"이라고 대답한다.

참으로 요즘 보기 드문 순정의 마음이다. 그러나 그 사랑의 힘이 결국 기적의 해피엔딩을 만들어냈다. 천민이라고 업신여겨 모함으로 경찰에게 고문을 당할 때 그 고통을 이긴 것도 사랑의 힘이었음을 영화는 처음 장면부터 집중적으로 조명한다.

인생은 꿈이다. 인생은 열정이다. 그리고 인생은 사랑이다. 꿈과 열정과 사랑이 있다면 인생은 누구나 절망 중에도 희망, 슬럼독(빈민촌)이 밀리어네어(백만장자)가 될 수 있다. 그리스도인의 삶이 바로 그런 것이 아니겠는가!

마음으로부터 내가 계속 잘될 것으로 기대하고
앞을 향하여 계속 전진해야 한다(Keep pressing forward).
내 안에 하나님의 위대한 씨가 있음을 믿고.

2008년 새해 첫 7일 동안 '잘되는 나'라는 제목으로 성회를 인도했다. 현재 미국 최대 교회의 담임목사인 조엘 오스틴의 〈잘되는 나〉(Become a Better You)라는 책을 중심으로 '잘나 시리즈'를 설교함으로 많은 은혜를 받았다. 책의 내용이 산만하고 같은 말이 반복되어 정리하기가 쉽지 않았다.

첫날에 책의 내용에 충실하려다가 오히려 감동이 적은 것을 깨달았다. 둘째 날부터는 제목과 소주제는 그대로 따르되 내용을 다시 재구성하여 우리 상황에 맞게 설교했더니 훨씬 더 유익했다.

첫날 설교 후에 아내가 말했다. "당신이 오스틴 목사님보다 훨씬 더 설교를 잘하는데 왜 그 내용을 그대로 따라가려고 합니까?" 칭찬인지 비난인지 모르지만 일리있다고 여겨 내 자신의 페이스대로 설교를 재수정했다. 책에 없는 성경구절과 새로운 예화로 정리하여 최선을 다해 7일간 전했다. 성도들은 물론 나 자신이 많은 은혜와 도전을 받았다. 무엇보다 내 자화상이 절대긍정으로 새로워졌다.

1강은 잘되는 마음으로 "나는 잘될 것이다"라고 선포한다. 마음으로부터 내가 계속 잘될 것으로 기대하고 앞을 향하여 계속 전진해야 한다(Keep pressing forward). 내 안에 하나님의 위대한 씨가 있음을 믿고 과거의 실수를 물리치고 새로운 도전에 집중할 때 우리는 복있는 가문을 세울 수 있다.

2강은 잘되는 생각으로 "나는 긍정적인 사람이다"라고 선포한다. 항상 자기 자신에게 긍정적이어야 한다(Be positive toward yourself). 잘한 일을 떠올리고 자신감을 가지고 스스로 격려하고 사랑해야 한다.

3강은 잘되는 습관으로 "나는 좋은 습관을 가진 사람이다"라고 선포한다. 잘되는 나가 되기 위해서는 보다 나은 습관을 길러야 한다(Form better habits). 타인의 비판에 화내지 말고 스스로 행복을 선택하는 행복습관을 꾸준히 키워야 한다.

4강은 잘되는 관계로서 "나는 사랑할 줄 아는 사람이다"라고 선포한다. 보다 나은 관계를 개발하는 것이 잘되는 나의 비결이다(Develop better relationships). 갈등은 창조적으로 해결하고 사람들의 장점을 발견하여 좋은 감정을 쌓되 특히 가족에게 잘해야 한다.

5강은 잘되는 태도로서 "나는 최선을 다하는 사람이다"라고 선포한다. 자신이 처한 상황에 항상 만족하는 사람이 잘되는 인생이다(Embrace the place where you are). 항상 지금 있는 자리에 감사하면서 받은 복을 세어보고 하나님께 주도권을 넘겨드려야 한다.

6강은 잘되는 결단으로 "나는 비전이 있는 사람이다"라고 선포한다. 내 안에 있는 '속사람'을 개발하는 것이 잘되는 인생의 본질이다

(Develop your inner life). 목표를 크게 잡되 민감한 양심을 가지고 진실하게 성공해야 진정 잘되는 삶이다.

7강은 잘되는 실천으로 "나는 믿음으로 산다"라고 선포한다(Stay passionate about life). 복을 계획하되 웃으면서 잘될 것을 기대하는 열정이 충만해야 잘되는 인생이 될 수 있다.

이상의 7가지 잘되는 자신의 자화상을 날마다 바라보고 입술로 고백하며 다른 사람에게 격려하면 우리 모두 올해의 꿈대로 일곱 배 잘되는 해가 될 것이다. 이제부터 우리는 절대긍정으로 모든 부정을 몰아내는 삶으로 변해야 한다.

자신에게 타인에게 모든 사람에게 진심으로 축복하자. "나는 잘될 것이다" "당신은 잘될 것이다" "우리는 잘될 것이다" "우리 교회는 잘될 것이다" "우리 사업은 잘될 것이다" "우리나라는 잘될 것이다."

이 칼럼을 날마다 묵상하여 반드시 잘되는 내가 되자. "나는 잘될 것이다!" :(080113)

딸을 시집보내며

비록 가진 것은 없지만 즐길 줄은 알았던 우리 가족처럼 딸들의 가정도
주님 주신 것에 감사하면서 소박한 행복을 누리며
다른 사람들을 섬기는 삶을 열심히 살아주었으면 한다.

하나님이 주신 첫째 딸 지은이가 2007년 3월 3일 시집간다.

지은이는 1981년 6월 3일 을지로에 있는 제일병원에서 태어났다. 이틀이 넘도록 진통이 있었는데도 아기가 나오지 않아 애를 태웠다. 산모가 너무 지쳐 있어 의사 몰래 귤 등 먹을 것을 건네주던 때가 생각난다. 결국 제왕절개 수술로 들어갔다. 그 이후 아내는 지혜와 지민이 모두 수술을 해야 했다. 아이들은 편하게 나왔을지 몰라도 엄마는 목숨을 세 번이나 걸었던 셈이다.

지은이는 여느 아이처럼 어렸을 때 똑똑하고 총명했다. 특히 말을 잘했고 책을 잘 읽었고 사람들 앞에 모델처럼 포즈를 취하는 것을 좋아했다. 1983년말 아빠는 가족들보다 두 달 먼저 미국유학을 위해 떠났다. 지은이가 세 살 되고, 동생 지혜가 태어난 지 50일 만에 아빠 따라 로스엔젤레스 공항에 도착했던 때가 엊그제 같다. 샘이 많은 지은이는 엄마가 아기를 좋아한다고 얼굴에 크림을 잔뜩 발라놓아 공항에서 본 지혜의 얼굴은 엉망이었다.

미국에서 유학하는 7년 가까운 시절 지은이는 어느 곳에 가든지 적응을 잘했다. 유치원에서도 신났고, 돈베니또 초등학교에 2학년까지 다니고 귀국할 때까지 항상 친구들이 많았다.

1990년 아빠가 학위를 따고 귀국했을 때 지은이는 초등학교 3학년이었다. 미국에서 어린 시절 사용했던 영어를 잊어먹지 않기 위해 비디오테이프를 수없이 반복해서 시청했고 영어소설만 수백 권 읽었다. 그 덕분에 영어는 원어민 수준 이상으로 자유롭게 말하고 특히 쓰기를 잘하게 되었다.

여의도에서 초등학교와 중학교를 마치고 이화외국어고등학교를 졸업할 때쯤 갑자기 미술을 하겠다고 학원을 나가더니 홍익대학교 미술대학 회화과를 어려움 없이 들어갔다. 그리고 졸업하자마자 삼성전자에서 작년 말까지 신나게 일했다. 그리고 동창목사님 아들인 박준기와 결혼하게 된 것이다. 준기는 아빠가 독일 선교사로 갈 때 초등학교 5학년이었는데 이제 어엿한 의사가 되어 지은이와 함께 이 세상에서 가장 행복한 부부가 되었다.

지은이를 시집보내며 무엇보다 너무 좋은 딸을 주신 하나님께 무한 감사 드린다. 그리고 목숨걸고 낳아서 잘 길러준 아내가 감사하다. 딸을 친구처럼 대하며 내가 불러도 오지 않을 정도로 밤새도록 대화를 많이 했던 모녀 사이이다.

또한 지은이에게도 감사하다. 지혜와 지민이도 마찬가지이지만 특히 첫째답게 아빠엄마 크게 속 썩인 일이 없이 건강하고 행복하게 잘 자라고 지금까지 살아준 것이 감사하다. 아빠가 가급적 무슨 일을 해도 결혼을 실제적으로 생각하라는 충고를 잘 받아주고 좋은 남편감들을 택한 딸들이 고맙다.

아내와 연애하고 결혼하고 어린 딸들과 씨름한 때가 정말 엊그제 같은데 벌써 딸들이 결혼을 하다니, 그래서 행복하다. 딸들은 미국에서 살던 시절 가족들과 틈만 나면 여행을 하던 때가 가장 그립다고 한다.

비록 가진 것은 없지만 즐길 줄은 알았던 우리 가족처럼 딸들의 가정도 주님 주신 것에 감사하면서 소박한 행복을 누리며 다른 사람들을 섬기는 삶을 열심히 살아주었으면 한다. 사위들도 아빠 닮아서 부모의 유산은 없더라도 열심히 최선을 다하면서 노력하면 남부럽지 않은 삶을 살 수 있다는 자신감을 가졌으면 한다. 충분히 그럴 친구들임을 알기에 너무나도 아까운 우리 딸들을 내어주는 것이다.

지은아, 하나님의 특별하신 은총이 날마다 평생에 늘 함께 하기를 축복한다. 사랑한다, 내 딸아! :(070304)

고맙습니다, 성령님

성령 충만의 본질은 하나님의 나라이다.
방언과 같은 성령의 은사와 치유와 기적 같은 성령의 권능을 통해서
하나님이 통치하시고 다스리시는 모습이 실제로 나타난다.

몇 년 전에 미국의 유명한 성령 충만한 목사인 베니힌이 『안녕하세요 성령님』이라는 책을 썼다.

이번에 온누리 교회 치유 사역자인 평신도 손기철 장로가 『고맙습니다 성령님』이라는 책을 출간했는데 적지 않은 은혜를 받았다. 대학 교수이면서 성령 사역자, 치유 사역자가 된 저자 같은 사람이 우리 교회에서도 나왔으면 하는 기대감으로 이 책을 통한 감동을 정리해 보고자 한다.

저자는 인간적인 열심을 가지고 예수를 믿는 한계에 대해 절감하던 중 성령 세례를 받고 삶과 인격이 전적으로 변화되었고 지금도 성령의 충만과 기름 부으심을 지속적으로 경험하고 있다.

내가 이 책에 호감을 가지는 것은 저자의 성령 체험과 이해가 나의 신앙적 뿌리가 되고 있는 순복음교회의 성령론과 일치하면서도 그 적용과 실천 면에서 좀 더 발전적인 도전을 주고 있기 때문이다.

성령이 영광 가운데 찾아오실 때 성령께서 나를 소유하시고 통제하

는 만남과 경험이 '성령 세례'이며 그 상태로 사는 것이 '성령 충만'이다. 성령은 항상 말씀과 조화를 이루며 역사하신다.

그래서 성령 세례를 받은 저자에게 성령은 '제발 성경 공부 좀 하라'고 말씀하셨다.

말씀이 벽난로라면 성령은 그 난로의 불과 같다. 불이 없는 벽난로는 아무 의미가 없고, 벽난로가 없는 불은 위험하기 짝이 없다. 성령의 불은 말씀의 난로 속에서 활활 타야 그 목적을 이룰 수 있는 것이다. 성령이 함께할 때 말씀은 예수 그리스도가 된다. 단지 은혜받고, 감동받는 것이 아니라 하나님의 영광의 임재에 들어가는 것이다. 그것이 바로 로고스 말씀에서 레에마 말씀으로 체험되는 것이다. 저자의 성령 사역의 모든 주장은 정확한 말씀의 인용으로 뒷받침되고 있어 안전감과 설득력이 더해졌다.

성령 충만의 본질은 하나님의 나라이다. 방언과 같은 성령의 은사와 치유와 기적 같은 성령의 권능을 통해서 하나님이 통치하시고 다스리시는 모습이 실제로 나타나는 것이다. 우리는 성령 충만하다고 해서 은사를 소유하는 것이 아니라 은사의 통로로 쓰임 받을 뿐이다.

우리는 성령의 기름을 담는 통이 아니라 그 기름을 흘려보내는 통로(파이프)가 되어야 한다. 성령 충만이란 그 파이프의 직경을 넓히는 것이다. 성령이 없는 신자는 자기 노력으로 예수를 닮아가는 삶에 불과하지만, 성령이 충만한 신자는 자신 안에 계신 그리스도가 친히 드러나는 삶을 살아간다. 성령 세례를 받은 자만이 하나님의 나라와 의를 실제적으로 구하는 삶을 살아갈 수 있다.

저자 자신이 성령을 경험한 후 실제로 전혀 다른 삶을 살아가고 있다. 성령의 세례와 은사를 통하여 수많은 영혼을 구할 뿐만 아니라 특별히 치유사역자로 마음의 병과 육신의 질병을 치료하고 귀신을 쫓아내는 사역을 생활 가운데 경험하고 있는 것이다.

가장 내 마음에 공감을 주는 글귀가 이것이다.

"기름 부으심은 흘러가는 것입니다. 주님은 교회에 세우신 목회자들을 통해서도 일하시지만, 직장에서 사명을 감당하는 평신도들을 통해서도 일하십니다. 사회에서 영향력 있는 평신도가 성령님을 만나 그 분께 붙들려 살기로 결단하고 그 기름 부으심을 다른 동료 직원들에게 흘러보낼 때, 일터 자체가 거룩한 하나님의 나라가 되는 것입니다."

저자의 이 같은 성령 충만한 태도는 우리 교회와 나의 목회의 본질인 성시화, 즉 삶의 현장과 일터에 세상의 리더와 일터 사도를 세우는 목회 철학의 실제적 표상이 될 수 있기에 주목을 끈다.

교회에서 직분과 직책에 매달려 자기 만족에 머무르는 것이 아니라 평신도이기 때문에 더 성령의 사역에 효과적으로 동참할 수 있다는 목회 철학에 희망을 가져본다.

"주여, 우리 교회에 이 같은 일터 사도를 많이 세워 주옵소서!"

:목회 칼럼(071209)

아버님께 드리는 편지

아버지, 오늘 평안하셨습니까?

목회가 무엇인지 이번 주도 그리고 오늘도 쏜살같이 지나가는 듯합니다. 제자
훈련을 네 반이나 인도하다 보니 더 시간에 쫓기는 것 같습니다. 지민이와 시간
을 보내지 못하는 것이 안타까워서 잠시 집에 들어와 오늘 저녁 제자훈련을 준
비한 후 아버지학교 숙제가 생각나서 아버지께 편지를 쓰기 시작합니다.

지민이는 지금 옆에서 책을 읽고 있습니다. 아빠가 책읽는 아들이 가장 좋다
는 말에 책을 집은 것이지요. 아들은 아빠의 인정을 받고 싶어하는 것이 저나 아
들이나 본능인가 봅니다. 아버지도 어렸을 때 그러셨나요?

돌아보니 아버지의 사랑과 헌신에 다시 한 번 감사를 드립니다. 4남매를 키우
시느라 아버지는 최선을 다하셨습니다. 정직하고 성실한 노동의 대가로 자식들
을 먹이시고 입히시며 대학까지 공부하게 하신 아버지는 정말 위대하신 분입니

다. 솔직히 아쉬운 면도 없지 않았지만 아버지의 정직과 성실 그리고 근면과 희생은 저의 삶에 긍정적인 가치로 자리매김하였고 저 역시 한눈 팔지 않고 최선을 다하는 삶을 살아 온 것 같습니다. 좀 더 여유있고 넉넉하고 너그럽게 살면 좋을텐데 하는 아쉬움조차 최선을 다해 사는 아버지의 영향 때문에 항상 다음 기회로 미루곤 하는 것 같습니다.

자주 연락드리지는 못하지만 제 마음에는 항상 아버지를 생각하고 있습니다. 제가 어린 시절 아버지의 사업이 힘들지 않았으면 좀 더 아버지와 대화를 하며 자라왔으면 좋았을 텐데 생각해 봅니다. 항상 열심히 일하시는 모습, 교회에서 봉사하고 기도하는 모습을 지켜보는 시간은 많았지만 진지하게 대화하는 시간은 오히려 제가 교회를 개척하고 나서부터인 것 같습니다. 지금은 너무 거리가 떨어져서 자주 못 뵙고, 주일에 오실 때에도 인사 한번 나누지 못하니 더욱 아쉽습니다.

이제 아버지의 연세가 80이 되셨네요. 여유롭지 못한데도 늘 감사하고 행복한 미소로 어머니와 함께 해로하시니 감사하고 또 감사합니다. 무엇보다 건강하셔서 고맙습니다. 신정동에서 두 시간 이상이나 걸리는 먼 길을 마다않고 자식의 교회가 잘 되고자 하는 마음으로 주일마다 찾아오시고 성도들에게 사랑을 베풀어 주시니 늘 고마운 마음입니다. 교회에서조차 마주 대하고 인사를 못 드리니 자식 도리를 제대로 하지 못하는 것 같습니다.

아버지학교를 계기로 아버지를 더욱 자주 생각하고 적어도 일주일에 한 번씩은 전화를 드리고 진정한 의미의 문안과 대화를 드리렵니다. 그리고 지민이하고 도 진지한 대화를 나누렵니다. 아버지 고맙습니다. 저를 낳아주시고 저를 아버지 되게 하심을 감사드립니다. 오늘도 아들을 위해 기도해 주심을 감사드립니다. 오 래 사시되 부디 건강하시고 행복하십시오. 어머니와 함께 천국까지 사랑하며 영 생을 누리시기를 날마다 기도드립니다.

2008년 3월 1일   큰 아들 성훈 올립니다.

자전거와 색소폰

오랜만에 자전거를 탔다. 매주 금요일마다 셀모임을 가지는 L목사, C교수와 거의 8개월 만에 만난 것이다.

L목사는 수지에서 개척한 지 8년 만에 크게 부흥하여 광교 신도시에 건축을 시작했다. 나이나 목사 경력으로는 한참 후배이지만 내가 배울 점이 많은 목회자이다. C교수는 총신대학 교무처장으로 큰숲 네트워크(목사 셀모임)의 유일한 교수이다.

저녁 봄바람을 맞으며 탄천을 따라 달린다. 둘 다 나보다 어려서 그런가, 아니면 나와 달리 계속 자전거를 타서 그런가 내가 따라가는 형국이다. 창피하지 않으려고 기를 쓰고 쫓아간다. 30분도 채 안되어 숨이 턱에 차고 발과 엉덩이가 댕겨서 더 이상 못 가겠다.

돌아오는 길은 더 힘들었다. 두 사람은 멀리 사라지고 보이지 않는다. 계속 나를 에스코트하는 것이 지겨운 모양이다. 나 혼자 타면 얼마든지 쉬었다가 가련만, 상대방이 있으니 죽자고 달려야 한다. 매일 자전거를 탄다는 C교수는 무리하면 안 된다고, 지금까지 달려온 것도 대단한 것이라며 위로를 한다. 다 합해 자전거 위에 올라앉은 시간이 한 시간도 안되었지만 온 몸이 땀에 젖고 사타구니가 아파서 걷는 것도 힘들었다.

그 다음날 저녁도 3, 40분 정도 다시 자전거를 타고 탄천으로 나갔다. 알배긴 것을 풀겠다고 나갔으나 엉덩이와 사타구니가 아파서 더 이상 탈 수가 없었다. 안하던 운동을 갑자기 하면 나타나는 전형적인 통증이다. 통증은 있었지만 팔뚝이나 다리 근육에 힘이 들어가는 것을 느낀다. 이래서 사람들이 운동을 하는가 보다. 이틀에 불과하지만 몸이 운동의 효과를 느끼는 것이다. 이렇게 매일 자전거를 타면, 아니 일주일에 한두 번이라도 타면 몸이 많이 좋아질 것 같은 느낌이다. 특히 복부비만은 자전거가 최고라고 하지 않던가.

올해 10대 목표 중의 두 가지가 자전거 타기와 색소폰 연주하기이다. 연초에 성도들에게 읽어주기까지 했던 10대 목표를 다시 꺼내어 읽어본다. 삼분의 일은 잘하고 있고, 삼분의 일은 어느 정도 하고 있고, 삼분의 일은 거의 하지 않고 있다. 거의 하지 않은 일이 자전거 타기이다. 유난히 추웠던 겨울이라 그랬겠지만 자전거는 올해 들어 처음 타 보았으니 오죽하랴. 김인중 목사님처럼 새벽기도 후에 매일 자전거를 탔다면 아마 내 알통이 미스터 코리아쯤 되었을 것이다.

색소폰은 어떤가. 월 3차례 정도는 레슨을 받고 있지만 문제는 연습이다. 거의 연습을 못하고 있다. 제대로 레슨을 받으려면 매일 한 시간 이상 연습해야 한다. 연습 없는 레슨은 거의 효과가 없다는 것을 잘 알면서도 그 연습시간을 못 내는 것이다. 같이 레슨 받는 사람들도 거의 마찬가지이다. 열심히 가르치려고 하는 선생에게 미안한 마음이다. 지난 새벽부흥회 때 연주하기 위해 찬송곡을 연습할 때는 그래도 시간을 내었는데 계속되는 예배설교와 목양사역 때문에 좀처럼 연습시간을 내지 못하고 있다. 이래가지고 어떻게 올해 10곡 이상 능숙하게 연주하는 목표를 이룰 수 있을까 의심스럽다.

올해도 벌써 사분지 일이 지나갔다. 많은 사람들이 빠지는 실패의 함정은 목표를 세우면 마치 다 성공한 것처럼 착각하는 것이다. 그러나 목표설정과 목표성취는 하늘과 땅처럼 다른 것이다. 누구나 목표를 세울 수 있지만 누구나 목표를 이루는 것은 아니다. 목표를 이루기 위해서는 날마다 목표를 바라보고, 그 목표를 이루기 위해서 지속적으로 반복적으로 행동을 취해야 한다.

너무나 당연한 상식이다. 그런데 그 상식을 우리는 계속 따르지 않기 때문에 성공하지 못한다. 이제 다시 10대 목표를 꺼내어 크게 읽어본다. 자전거를 다시 타야지. 그리고 매일 한 시간씩 색소폰을 연습해야지. 기도하는 마음으로.

주여, 일곱 번 넘어져도, 여덟 번째 다시 일어나게 하소서!

:(20110410)

아버지의 사랑은 위대하다

"아버지는 나의 전부이며, 아버지는 내 날개에 불어주는 바람이다"
아버지의 사랑으로 다시 일어서라.
아버지가 달리시면 같이 달리라.
아버지의 사랑은 기적을 낳는다.

얼마 전 SBS 스페셜 〈아버지의 사랑〉을 시청하는 중에 '팀 호이트' 이야기를 보았다. 호이트 성을 가진 부자(父子) 팀의 감동적인 이야기이다. 아버지의 이름은 딕(Dick)이고 아들의 이름은 릭(Rick)이다.

호이트 씨는 아들을 낳았는데 아기가 탯줄이 목에 감겨 태어나는 바람에 중증 뇌성마비가 되었다. 의사들은 키울 것을 포기하고 시설에 보내라고 했지만 부모는 사랑으로 키울 것을 결심한다. 아들은 전신마비 증세로 손과 목만 움직일 수 있을 뿐 말도 전혀 하지 못했다. 보스턴 대학 연구소가 특별히 고안한 컴퓨터 소통 시스템으로 신경과 눈짓을 통해 의사전달이 가능하게 되었다. 아들은 늘 휠체어를 타고 살아야 했다.

아들이 열 살 되던 어느 날이었다. 장애우를 위한 기금마련 달리기 대회를 구경하던 아들이 자신도 달리고 싶다고 했다. 아버지는 아들의 소원을 들어주기로 했다. 아들을 휠체어에 태워 밀면서 마라톤을 시작했다. 아들을 밀면서 마라톤 첫 대회에서 42.195Km을 3시간 45분 만에 달렸다. 시간이 지나면서 기록은 2시간 50분으로 단축되었다.

나중에는 철인 3종 경기에 나섰다. 철인 3종 경기는 수영과 사이클과 마라톤 226.3Km를 17시간 내에 완주해야 하는 고통의 종목이다. 사이클은 자전거 앞에 아들을 태워서 달렸고, 수영은 보트에 아들을 태우고 아버지의 몸에 줄을 묶어 헤엄쳐 달렸다.

코스가 바뀔 때마다 아버지는 다 큰 아들을 안아서 옮겨가며 달리고, 타고, 헤엄을 쳤다. 정상인 혼자서도 거의 불가능한 철인 3종 경기를 아버지는 아들을 안고서 200번이나 완주했다. 각종 달리기를 포함해서 9백번이나 넘는 마라톤을 주파하면서 아버지는 아들을 안고 30년간 달려왔다.

처음에는 무모한 짓이라고 사람들이 말렸다. 그러나 아버지는 아들을 기쁘게 하기 위해 그 힘든 일을 기쁨으로 감당했다. 아버지가 마라톤을 시작한 나이가 40세였다. 중년의 나이였지만 그는 아들을 위해 몸을 가꾸고 훈련을 거듭했고 결국 철인 3종 경기까지 수차례 주파하는 기적의 팀을 이룬 것이다.

그 결과 수많은 사람들을 감동시켰고 희망을 주고 있다. 전 세계 언론에서 취재했고 그 유명한 오프라 윈프리 쇼에도 출연하여 일약 대스타가 되었다. 그리고 지구촌 곳곳에서 초청을 받아 수많은 사람들의 박수를 받으며 달리고 또 달리고 있다.

아들에 대한 아버지의 사랑이 그들 부자를 기적의 주인공으로 만들었고, 수많은 장애인들과 가족들에게 또 다른 기적을 만들게 하고 있다. 아들은 아무것도 할 수 없는 몸이지만 가장 위대한 일을 성취하는 팀이 되었다.

아버지가 달리기를 하지 않았다면 이미 오래전에 죽었을지도 모르는 심장마비 증세가 있었다. 아들이 아버지를 살린 것이다. 아들은 달릴 때 가장 기뻐하며 웃는다. 아버지는 그 웃음 때문에 극한 상황에 도전하며 오늘도 달린다. 이들 부자 팀은 매년 40차례 이상의 달리기 대회와 철인 3종 경기에 참여하고 있다.

"아버지는 나의 전부이며, 아버지는 내 날개에 불어주는 바람이다"라고 아들은 말한다. 믿음과 신념은 기적을 낳는다. 장애와 문제는 기적의 재료에 불과하다.

무엇보다 하나님은 우리의 진정한 아버지가 되신다. 육신의 아버지도 아들을 위하여 목숨을 바치는데 하물며 하나님 아버지는 우리를 위해 무엇이든 하실 분이시다. 어떤 고난과 시련이 있는가? 절대로 낙심하거나 좌절하지 말라.

아버지의 사랑으로 다시 일어서라. 내가 아무 것도 할 수 없을지라도 아버지가 달리시면 같이 달리라. 아버지의 사랑은 기적을 낳는다. 당신도 그 기적의 주인공이 될 수 있다. :(070218)

하나님, 무조건 감사합니다

가장 작은 것에 가장 큰 감사를 하는 자가 가장 행복한 자이다.

2007년 추수감사절이다. 감사는 행복의 문을 여는 열쇠이다. 행복은 소유의 크기가 아니라 감사의 크기에 달려있다. 가장 작은 것에 가장 큰 감사를 하는 자가 가장 행복한 자이다.

행복한 감사절이 되기 위해 내가 감사해야 할 것들을 정리해 본다.

1.내가 이 세상에 태어난 것이 감사하다. 2.나를 낳아주신 부모님이 감사하다. 3.나를 사랑하고 양육하신 부모님이 지금까지 살아계신 것이 감사하다. 4.내가 예수를 믿고 구원을 받은 것이 감사하다. 5.내가 목사가 되어 주님과 교회를 섬기게 된 것이 감사하다. 6.내가 성시교회를 개척한 것이 감사하다. 7.성시교회가 개척한 지 얼마 안되어 크게 부흥한 것이 감사하다. 8.나에게 착하고 좋은 아내를 주신 것이 감사하다. 9.나에게 지은, 지혜, 지민이 삼남매의 자녀를 주신 것이 감사하다. 10.나에게 락훈, 희진, 정훈이 세 동생을 주신 것이 감사하다. 11.내가 건강하여 열심히 일할 수 있음이 감사하다. 12.나에게 좋은 집을 주신 것이 감사하다. 13.나에게 자동차를 주신 것이 감사하다. 14.나에게 일용할 양식

을 주신 것이 감사하다. 15. 내가 북한이 아니라 대한민국에 태어난 것이 감사하다. 16. 우리 부모님이 북한에서 피난나오신 것이 감사하다. 17. 내가 순복음교회에 나간 것이 감사하다. 18. 내가 조용기 목사님의 제자가 된 것이 감사하다. 19. 내가 여의도순복음교회에서 40년간 교인으로, 26년간 교역자로 사역한 것이 감사하다. 20.내가 대학을 나오고도 12년 이상 더 공부한 것이 감사하다. 21.내가 미국에서 7년간 유학한 것이 감사하다. 22.내가 훌러신학교에서 박사학위를 받은 것이 감사하다 23. 내가 베데스다대학교, 한세대학교에서 교수생활을 20년 가까이 한 것이 감사하다. 24.내가 교회성장연구소를 세우고 10년간 소장으로 섬긴 것이 감사하다. 25.내가 책을 30권 이상 저술한 것이 감사하다. 26.내가 쉬지 않고 설교할 수 있으니 감사하다. 27.내가 제자훈련을 할 수 있으니 감사하다. 28.나를 사랑하고 은혜를 사모하는 성도들이 있으니 감사하다. 29.내 설교가 기독교텔레비전과 극동방송에 나가고 있으니 감사하다. 30.나에게 좋은 동역자들이 있으니 감사하다. 31. 내가 교계에 알려져서 훌륭한 목회자들과 교류할 수 있으니 감사하다. 32.지민이가 어려운 일을 당했을 때 무사히 돌아온 것이 감사하다. 33. 내가 심층건강검진을 받았는데 아무 이상이 없으니 감사하다. 34.내가 책을 읽을 수 있으니 감사하다. 35.내가 글을 쓸 수 있으니 감사하다. 36.내가 운동할 수 있으니 감사하다. 37.내가 전도할 수 있으니 감사하다. 38. 내가 소화가 잘되니 감사하다. 39.내가 잠을 잘 잘 수 있으니 감사하다. 40.내가 미래에 대한 꿈과 2020비전이 있으니 감사하다. 41.내가 성경을 읽고 묵상하고 가르칠 수 있으니 감사하다. 42.내가 한국음식을 마음껏 먹을 수 있으니 감사하다. 43.내가 한국말을 유창하게 잘 할 수 있으니 감사하다. 44.내가 영어로 소통할 수 있으니 감사하다. 45.내가 텔레비전 프로그램 진행자로 쓰임받았으니 감사하다. 46.내가 세계 여러 나라를 여행한 것이 감사하다. 47.내가 나의 교회를 가지고 있으니 감사하다. 48.내가 나의 사무실을 가지고 있으니 감사하다. 49. 내가 여러벌의 옷이 있어 감사하다. 50.내가 선물을 많이 받아 평생 쓸 수 있는 넥타이가 있으니 감사하다. 51.내가 컴퓨터와 책이 있으니 감사하다. 52.내가 기도할 수 있으니 감사하다. 53.내가 지은 죄를 주님께서 용서해 주신 것이 감사하다. 54.내가 죽으면 천국 갈 수 있으니 감사하다. 55.내가 앞으로 더 큰 교회를 목회할 수 있는 희망이 있으니 감사하다. 56.내 뜻대로 안되어서 주님 뜻을 더 따르게 되니 감사하다. 57.나에게 실패가 있어 그 실패를 통해 배우게 하시니 감사하다. 58.나에게 고난을 주사 겸손케 하시니 감사하다. 59.내가 앞으로 나의 모든 것에 평생 감사하기로 결단하게 하시니 감사하다. 60.내 존재 그대로 감사하다.

　하나님, 감사합니다!　:(071118)

주기도문 인생(주인생)

주기도문은 모든 문제의 처방이며 상처의 양약이다.
주기도문으로 다시 일어서자.
주기도문 암송으로 백발백중 승리하는 그리스도인 되자!

주기도문으로 3주간 설교를 했다. '주기도문으로 내적 상처를 치유하는 법' 두 주간과, '주기도문으로 매일 한 시간씩 기도하는 법' 한 주간이다. 설교를 들은 성도들이 주기도문을 새롭게 받아들이게 되었다. 생각 없이 암송하는 기도문이 아니라 모든 문제의 해결책이 담겨져 있는 기도임을 깨닫게 되었다는 것이다.

나 자신도 이 설교를 준비하면서 주기도문이 새삼스럽게 다가온다. 주님께서 직접 가르치신 기도이니 당연히 탁월한 기도문이다. 기도는 모든 문제의 열쇠이다. 인생이 문제라면 기도는 해답이다.

그리스도인의 최대 복은 하나님께 기도드릴 수 있다는 것이다. 인생의 고난과 문제 가운데 괴로워하는 사람들에게 기도할 수 없다면 그것이야말로 절대절망이다. 아무리 큰 문제라도 기도보다 클 수 없다. 왜냐하면 기도는 바로 하나님을 만나는 통로가 되기 때문이다. 더구나 주님께서 직접 '이렇게 기도하라'고 하시면서 가르쳐 주신 기도문이기에 더욱 강력한 힘이 된다.

'하늘에 계신 우리 아버지여!' 이 한마디 기도에 모든 쓸데없는 열등 감의 상처는 순식간에 사라진다. 열등감은 다른 사람과의 비교의식의 부정적 산물인데 하나님을 아버지로 모신 자는 그 어느 누구도 경쟁의 대상이 될 수 없다. 아니 다른 사람과 경쟁할 필요가 없다. 왜냐하면 '나의 아버지'가 아니라 '우리 아버지'이시기 때문이다. 다른 사람이 한 아버지를 모신 아버지가 된다면 열등감의 이유 자체가 사라지게 된 다.

'나라가 임하시고 뜻이 이루어지소서'라는 기도는 모든 좌절감을 사 라지게 한다. 내가 다스리다가 안 되고, 내 뜻이 이루어지지 않으면 좌 절하게 되는데 하나님이 다스리시고 하나님의 뜻이 이루어지기 때문에 나 자신의 실패는 더 이상 문제가 되지 않는다.

'일용할 양식을 주옵소서'라는 기도로 모든 불안감은 사라진다. 어 떻게 먹고 살 것인가도 하나님이 책임져 주신다.

'우리 죄를 사하여 주옵소서'라고 기도할 때 모든 죄책감은 사라진 다. 하나님께 죄를 인정할 때마다 주께서는 모든 죄를 다 사하시기 때 문이다.

'시험에 들게 마시고 악에서 구하소서'라고 기도하면 모든 두려움과 공포는 한꺼번에 사라진다. 시험도 이기게 하시고 악한 공격도 막아주 시기 때문이다.

'나라와 권세와 영광이 아버지께 영원히 있나이다'라고 기도할 때 모든 허무감이 극복된다. 하나님의 나라와 권세와 영광은 영원하기 때 문이다. 그 어떤 것도 하나님 아버지가 목적이 될 때 순간에도 영원한 가치가 부여된다.

주기도문으로 내적 치유를 할 뿐만 아니라 매일 한 시간씩 기도할 수 있다.

'하늘에 계신 아버지여 이름이 거룩하소서'로 나를 책임져 주시는 아버지의 이름을 하나씩 불러가며 적용하는데 10분 이상 기도할 수 있다.

'나라와 뜻이 이루어지이다' 라고 기도하며 또 10분간 하나님이 나 자신부터 온 세계까지 다스리고 뜻이 이루어질 것을 기도할 수 있다.

'일용할 양식을 주옵소서' 라며 나의 모든 필요를 구체적으로 10분 이상 간구할 수 있다.

'죄를 사하여 주옵소서' 라며 나와 다른 사람의 모든 죄를 자백하고 참회하는 데만 10분 이상 걸린다.

'시험과 악에서 건져주소서' 라고 기도하면서 모든 불의와 공격과 도전을 막는 기도를 10분간 드린 후에 '하나님 나라와 예수님의 권세와 성령님의 영광' 을 10분간 찬양하며 한 시간 기도를 마무리하게 된다.

주기도문은 모든 문제의 처방이며 상처의 양약이다. 주기도문은 본격적인 기도를 하게 하는 기도의 청사진이요 핸드북이다. 이제 주기도문으로 다시 일어서자. 하루에 주기도문 백 번에서 천 번까지 암송함으로 백발백중 승리하는 그리스도인 되자! 백 개의 콩을 볶아서 콩 하나 먹으면서 주기도문 한 번 암송하자.

"나는 주기도문 인생이다." :(080629)

큐티 인생

큐티(QT)는 '하나님을 만나는 것' 이다. 하나님의 임재를 경험하고,
생활 속에서 사랑과 대화와 이해와 순종으로 하나님과 동행하는 삶을 추구하는 것이다.
조용한 시간과 장소를 정하고 성경을 규칙적으로 읽고 묵상하며 기도하는 것이다.

2009년도 세 번째 특새의 주제는 '큐티 비전 세우기' 이다. 큐티(QT)는 '조용한 시간', '경건의 시간' 이라는 영어의 'Quiet Time' 의 약자이다.

이 큐티가 한국교회 경건생활의 중요한 자리를 차지하고 있는 것은 매우 독특한 현상이다. 기독교가 세계적인 종교임에도 한국의 토양에서는 매우 한국적인 신앙의 양태가 자리를 잡고 있다. 예를 들어 기도에 대한 열정이 한국교회만큼 뜨거운 민족도 없다.

한국인은 옛날부터 기도하기를 좋아했다. 기독교가 들어오기 전에도 무속이나 이방종교에서 한국인의 기도는 매우 열정적이었다. 부처상이나 기이한 형상 앞에서 절을 하고 기도를 드리는 것은 물론 하늘과 달과 별, 심지어는 물 한 그릇을 떠놓고도 목욕재계하며 기도를 드리는 민족이다.

그 기도의 열정이 기독교가 들어온 이후 하나님 앞에 드리는 뜨거운 기도로 토착화된 것이다. 그래서 가장 한국적이면서도 전 세계 교회에

수출되고 있는 것이 새벽기도, 철야기도, 금식기도, 합심기도이다.

이 네 가지 기도는 성경적이면서 동시에 한국적이다. 세계 어느 나라에서 보기 힘든, 그러나 이제 점차 세계화되고 있는 영성 운동이다. 그래서 세계적인 선교학자 맥가브란 박사는 "한국인의 심성은 기도하는 심성이다"(Korean mind is a prying mind)라고 말했다.

큐티운동도 마찬가지이다. 큐티라는 명칭은 다른 나라에서, 심지어 영어권에서도 우리나라처럼 보편화되어 있지 않다. 20여 년 전부터 큐티운동은 한국교회의 영성운동, 경건운동의 핵심으로 자리잡고 있다.

이번 특새에서 큐티에 관한 기초적인 이론이 제시되었다.

첫째, 큐티란 무엇인가? 큐티는 '하나님을 만나는 것'이다. 하나님의 임재를 경험하고, 실제 생활 속에서 하나님과 동행하는 삶을 추구하는 것이다. 하나님과 동행하는 요소는 네 가지이다. 사랑과 대화와 이해와 순종이다. 큐티의 4대 요소는 시간과 장소와 성경과 기도이다. 조용한 시간과 장소를 정하고 성경을 규칙적으로 읽고 묵상하며 기도하는 것이 큐티의 본질이다.

둘째, 준비기도와 읽기이다. 큐티는 기도로 준비해야 한다. 준비기도는 네 가지 마음으로 가능하다. 회개와 기대와 청결과 순종의 마음이다. 이런 마음이 되기 위해서는 성령의 도우심이 절대적으로 필요하다. 준비기도가 끝나면 본문의 말씀을 읽는다. 읽는다는 것은 듣는 것이다. 하나님의 음성을 레마로 들어야 한다. 큐티의 기본 방법은 PRESS로 요약된다. Pray(기도), Read(읽기), Examine(묵상), Say(적용기도), Share(나눔)이 그것이다. 성경을 읽을 때는 8가지 방법으로 읽으면 효과적이다. 처음 읽는 것처럼, 연애편지 읽듯이, 탐구하는 자세로, 반복해서, 분석적으로, 기도하면서, 묵상하면서, 그리고 망원경 시각으로 읽는다.

셋째, 묵상하기이다. 묵상이란 약이란 말과 어원이 같다. 즉 약이 온몸에 퍼져서 약효를 내듯 묵상도 하나님의 생각이 우리의 내면 전체에 퍼져 스며들어야 한다. 묵상을 잘 하기 위해서는 적절한 질문을 던져야 한다. 읽기가 관찰이라면, 묵상은 관찰을 넘어 해석을 하는 것이다. 하나님의 깨달음을 받는 행위이다. 질문을 통해서 하나님의 뜻을 깨닫는 묵상과 함께 질문과 해답의 과정 없이 직관적으로 가슴에 와서 박히는 직접적인 묵상의 방법도 가능하다.

넷째, 적용하기이다. 준비기도가 식욕이요, 읽는 것이 먹는 것이요, 묵상이 씹는 것이라면, 적용은 소화흡수의 과정이다. 그러므로 적용이 안 되면 실제적인 유익이 없는 셈이다. 적용은 일종의 제사이다. 하나님 앞에 나의 삶을 펼쳐 드리는 것이다. 적용에는 하나님의 지적과 격려와 인도가 포함된다. 적용은 개인적이고 구체적이고 가능한 것이어야 한다.

마지막은 나눔이다. 큐티 때문에 변한 것을 다른 사람과 나누고 하나님의 사역을 실행하는 것이 나눔이다. 큐티를 통하여 보다 성숙한 신앙과 생활로 들어가는 우리 모두가 되기를 소원한다.

제 2 부

전도하는 교회

성시교회에 나오는 목적

예배, 교제, 교육, 사역, 전도
다섯 가지는 건강한 교회의 본질이요 성령충만한 삶의 목적이다.
성경적인 목적에 충실한 성도가 목적이 이끄는 교회를 만든다.

"성시교회에 왜 나오는가?"

만약 여러분이 이 질문을 받는다면 어떻게 대답을 할 것입니까?

무슨 일이든지 목적이 분명해야 성공합니다. 그동안 성시교회에 나와서 환영카드에 등록을 하신 분들이 부지기수입니다. 창립 2년 만에 이처럼 많은 사람을 보내주신 하나님을 찬양합니다.

그 중에는 단순방문자도 포함되어 있습니다. 적지 않은 사람들이 한두 번 나왔다가 등록만 한 채 출석을 하지 않고 있습니다. 우리의 소원은 성시교회에 등록한 모든 사람이 매주일 예배 그리고 다른 각종 예배와 모임에 열정적으로 참석하는 것입니다.

성시교회에 정착한 사람들의 상당수가 담임목사와 설교가 좋아서 성시교회를 선택했다고 말합니다. 그 중에는 교회에 열심을 내고 각종 모임과 활동에 열심히 참여합니다. 설교와 교육을 통해 점점 신앙이 자라고 삶이 변화되는 모습이 보입니다. 매우 행복해 하고 또 다른 사람들을 성시교회에 데리고 옵니다. 그런 사람들이 점점 많아지는 것을 보면서 개척의 고단한 목회여정을 보람과 기쁨으로 받아들이며 감사하고 있습니다.

그러나 그 중의 또 다른 일부는 소리 없이 교회를 떠나기도 합니다. 떠나는 사람들은 다들 나름대로의 이유가 있을 것입니다. 어떤 경우에는 교회에 대한 실망 때문일 수도 있을 것입니다. 어느 교회나 사람들은 오며 가며 이동이 많습니다. 특히 개척교회는 성도들이 아직 뿌리를 내리지 못한 상황이기 때문에 더 이동이 빈번한 것이 일반적인 현상입니다.

어떤 이유이든 교회를 떠나는 사람들을 볼 때마다 마음이 안타깝습니다. 그리고 내 자신을 돌아보게 됩니다. 가장 안쓰러운 것은 성시교회를 선택한 목적이 불분명해서 떠나는 사람들을 볼 때입니다. 교회는 신적 기관이기 때문에 인간적인 것을 우선가치로 여기게 되면 반드시 문제가 생기게 됩니다. 가장 큰 문제는 자기만족을 얻거나 자기인정을 받기 위해 교회를 나오는 사람들입니다. 자신의 가치관이나 과거의 교회경험으로 성시교회를 판단하는 사람일수록 처음보다 나중이 좋지 않습니다.

가장 중요한 것은 "가장 중요한 것을 가장 중요하게 여기는 것"입니다.

가장 중요한 것은 예배를 잘 드리는 것입니다. 예배를 통해 하나님을 만나고 설교를 통하여 은혜를 받고 삶이 변화되는 것입니다. 예배에 성공해야 인생에 성공합니다. 예배에서 은혜를 받지 못하면 다른 모든 것이 시들해집니다.

예배 다음은 건전한 교제를 하는 것입니다. 구역이나 소그룹을 통해 서로를 사랑하고 격려하는 창조적 만남과 긍정적 나눔이 있어야 합니다.

그 다음은 교육과 훈련입니다. 성경과 교리와 신앙의 원리를 체계적으로 배우는 기회에 적극적으로 참여해야 합니다.

그 다음은 사역입니다. 어떤 형태이든지 교회를 섬기고 성도를 섬기는 봉사와 사역에 동참하는 것입니다.

그리고 마지막은 전도와 선교입니다. 항상 교회를 혼자 가는 것이 아니라 반드시 한 사람이라도 데리고 가는 것이 습관이 되어야 합니다. 예배, 교제, 교육, 사역, 전도, 이 다섯 가지는 건강한 교회의 본질이요 성령충만한 성도의 삶의 목적입니다.

이 다섯 가지에 충실한 사람은 불만과 불행이 사라지고 감사와 행복이 넘칩니다. 그리고 그 모든 초점은 예수 그리스도입니다. 교회 올 때마다 예수 그리스도 안에서 이 다섯 가지 목적에 올인하는 성도가 되는 것이 자신을 위해서도 좋고 교회를 위해서도 바람직합니다.

이 목적에서 벗어나면 불평이 생기고, 시험이 오고, 병이 들고 자기도 모르는 사이에 부정적인 신자가 되고 맙니다. 그리고 다른 사람들도 자기처럼 만들고 맙니다.

성경적인 목적에 충실하십시오. 목적이 분명한 성도가 목적이 이끄는 교회를 만듭니다.   :(070819)

교인이 있는 교회

교회가 있는 교인은 갈라지게 하지 않고 하나가 되게 하라.
하나님의 근심을 소유하여 교회의 문제가 자신의 문제가 되게 하라.
하나님의 교회를 위하여 무엇인가 한 가지 풍성하게 하라.

지방회에서 개최한 부흥회를 다녀왔다. 강사는 본 교단의 임원 중의 한 분이었다. 그 분에 대해 별로 좋지 않은 말들이 있어서 사실 큰 기대를 하지 않았다. 지방회 행사이기에 참석한 것에 불과했다.

그러나 기대 이상의 큰 은혜를 받았다. 전형적인 부흥 강사 스타일이라 내 취향에는 맞지 않았지만 목회 수십 년의 경험을 통해 선포된 말씀에 공감대가 적지 않았다. 한 교회에서 목회를 수십 년 지킨다는 것이 그냥 되는 것이 아님을 실감할 수 있었다. 그날 설교 제목은 〈교회를 사랑하라〉였다. 그러나 그 제목보다 더 마음이 끄는 말이 '교인이 있는 교회' 라는 말이었다.

오늘날의 교인들은 크게 두 부류로 나뉜다. '교회가 있는 교인' 과 '교회가 없는 교인' 의 두 그룹이다.

'교회가 없는 교인' 이 과연 가능할까?

여기서 '교회가 없는 교인' 이란 교회에 다니지 않는 교인이 아니다. 누구보다 교회를 열심히 다니지만 진정 그 마음과 생활 속에 사실상 교회가 존재하지 않는 교인을 말한다. 주일 출석으로 교회에 대한 의무를 다했다고 생각하는 교인, 교회를 위해서 어떤 구체적 헌신이 거의 없는 교인, 교회의 문제에 대해 쉽게 불만하고 오해하는 교인, 예수는 사랑하지만 교회는 별로 관심이 없는 교인 등이 바로 그들이다.

그리스도를 사랑하지만 교회는 사랑하지 않는다는 것은 자기 배우자의 영혼은 사랑하는데 그 몸은 사랑하지 않는다고 말하는 것과 같은 말이다. 교회는 바로 예수 그리스도의 몸이기 때문이다.

반면에 '교회가 있는 교인'은 피와 땀과 눈물과 돈이 그 교회에 들어가 있는 교인이다. 교회를 위해서 죽을 힘을 다하여 헌신하는 교인이다. 그 결과 그 교회를 통하여 놀라운 은혜와 축복을 받은 교인이다. 한마디로 교회 때문에 간증거리가 있는 교인이며, 그 교회 담임 목사가 다른 교회에서 설교할 때 간증하고 싶은 헌신과 축복이 확실한 교인이다. 그리고 교회에 '헌신의 기념비'를 세우는 교인이다.

강사의 설교 중 감동적인 예화가 있었다. 그분의 교회 중에 짠돌이 경찰공무원이 있었다. 천 원 헌금도 벌벌 떠는 사람이었다. 거의 모든 헌금은 그의 아내가 몰래 드리고 있었다. 그런데 어느 날 1천만 원의 헌금이 부부 공동 명의로 드려졌다. 목사님이 불러서 자초지종을 알아보았다.

그 집사에게 기봉이라는 어릴 적 친구가 있었다. 그 친구의 어머니는 홀어머니였다. 5남매를 키우던 어머니가 다니시던 시골 교회에서 건축을 했는데, 종이 없다고 하여 유일한 재산인 소를 팔아 교회의 종탑을 세웠다. 이 헌신에 주위의 많은 사람들이 야유를 했다. 아이들 학교도 못 보내는 주제에 소를 팔아 교회에 헌금을 하는 것이 상식에서 벗어난다고 했다. 교회에서 종이 울릴 때마다 "기봉이 소가 억울해서 우는 소리"라며 그 착한 가족을 비난했다고 한다.

그런데 그 기봉이는 하나님의 축복을 받아 우리나라에서 내로라하는 준재벌이 되어 경찰공무원이 된 옛 친구를 우연히 만난 것이다. 그 친구 집사는 충격을 받았다. 전 재산을 팔아 교회의 종을 세운 헌신의 기념비가 무엇을 의미하는지 깨닫게 되었다. 그래서 그는 세 마리의 소 값을 계산하여 헌금하면서 자기 자식에게 하나님의 축복을 받는 문을 열고자 했다는 것이다.

강사의 가슴을 치는 말씀은 계속 이어졌다.

교회가 있는 교인은 갈라지게 하지 않고 하나가 되게 하라. 내 평생에 하나님의 교회를 평안하게 하리라. 하나님의 근심을 소유하여 교회의 문제가 자신의 문제가 되게 하라. 하나님의 교회를 위하여 무엇인가 한 가지 풍성하게 하라.

나 자신을 돌아보게 하는 말씀이 나의 마음에 오래도록 남았다.

내가 다니고 있는 교회가 과연 나의 교회인가? 나는 헌신의 기념비를 세우고 있는가? :(071104)

기회인가, 부담인가?

개척교회나 작은 교회가 희망이 있는 것은
큰 교회, 편안한 교회를 마다하고
불편함과 부담을 기회와 축복으로 여기는 사명자를 보내주시기 때문이다.

성시교회 어느 성도가 말했다.

"개척 교회인 성시교회에서 은혜 받고 봉사하는 것은 내 일생일대의 기회입니다. 이미 성장한 큰 교회에서 편안하게 신앙 생활하는 것보다 개척 교회를 위해 헌신함으로 교회를 함께 키워가는 것이 하나님 앞에서 훨씬 더 효과적인 인생이기 때문입니다."

그 말에 많은 위로와 힘을 얻었다. 그리고 그 성도가 우리 교회에 와서 점점 더 변화되고 성장하는 모습에 감사와 보람을 느꼈다.

그렇다.

개척 교회는 불편한 점이 한두 가지가 아니다.

시설과 조직과 환경이 열악하다. 교회가 상가 건물에 있어 좁고 여유가 없다. 주차장도 없어서 빙빙 돌다가 열 받아서 돌아가기도 한다. 주일학교 시설이나 프로그램도 대형 교회에 비교할 수가 없다.

무엇보다 성전 건축과 같은 재정적 부담이 마치 가슴의 체증(滯症)처럼 무겁다. 전도와 봉사에 대한 책임감 또한 죄책감으로까지 다가온다.

수많은 청중 가운데 묻혀서 편안하게 예배드리고, 그 다음에는 내 마음대로 생활할 수 있는데 개척 교회에서는 눈에 쉽게 띄고 교회 활동에 적극적으로 참여하지 않으면 쉽게 노출되어 재촉을 받기도 한다.

그래서 익명성을 추구하는 현대인들은 개인적으로 프라이버시를 지킬 수 있는 대형 교회로 몰려가게 되고, 그 결과 큰 교회는 더 커지고 작은 교회는 더 작아지는 이른바 영적 양극화 현상이 심화된다.

그러나 개척교회나 작은 교회에도 희망이 있는 것은 앞에 말한 성도처럼 하나님께서 사명감을 주셔서 큰 교회, 편안한 교회를 마다하고 개척 교회, 작은 교회의 불편함과 부담을 오히려 기회와 축복으로 여기는 사명자를 보내주시기 때문이다.

나 자신도 마찬가지이다. 세계에서 제일 큰 교회에서 41년 신앙생활을 했고, 26년간 교역자 생활을 했다. 박사 학위를 받고 교수 생활을 했고 연구소 소장과 부목사를 역임했다. 제일 큰 지성전의 담임 목사도 했다. 그런데 그 모든 화려한 경력을 뒤로 하고 개척 교회 담임 목사가 된 것이다. 사실 내가 원했으면 계속 그곳에 남아 있을 수 있었고, 또 우리 교단의 미주 최대 교회의 담임 목사도 할 수 있었다.

그러나 하나님의 명령을 받았을 때 의미 있는 길을 선택했다. 쉽고 편안한 길보다는 좀 더 가치 있고 보람된 길을 걸어가기로 결정한 것이다. 그 결정에 후회는 없다.

목사로 태어나서 좋은 교회를 개척하여 하나님께 드리고 천국에 들어가는 것만큼 이 세상에 보람된 일이 어디 있을까? 평신도도 마찬가지이다. 함께 개척 교회를 일구어 그 교회가 점점 왕성해지는 모습을 보면서 땀 흘리며 꿈을 이루어 나가는 것처럼 이 세상에 가치 있는 일이 없을 것이다.

이제 성시교회는 창립 2주년을 눈앞에 두고 있다. 하나의 행사가 아니라 우리 모두에게 진정한 축복과 행복이 되기 위해 부담이 아닌 기회를 붙잡기로 했다. 8월 6일부터 9월 20일까지 〈목적이 이끄는 40일 특별 새벽 기도회〉에 어린 아이까지 전 성도가 참여하여 위대한 목적을 이루자. 8월 5일 첫 주부터 5개월간 시작되는 〈성시 제자 양육반〉과 〈성시 일독 성경학교〉에 참여하여 집중적으로 영성을 개발하자. 수요 예배를 통하여 창세기부터 계시록까지 〈문단 성경 공부〉에 참여하여 말씀 자체에 정통한 자가 되자. 금요 철야와 소그룹 모임과 알파와 아버지 학교 등에 시간이 허락되고 체력이 남아 있는 동안 최선을 다해 영적 만남에 동참하도록 하자. 그리고 십일조와 건축 헌금과 전도와 봉사에 적극적으로 나아가자.

이런 일들을 억지로 하는 혹은 아예 외면하는 부담이 아니라, 일생일대의 사명과 축복의 기회로 여기는 성도 여러분이 되기를 주님의 이름으로 축복한다.

"인생은 기회이다(Life is opportunity)!" :(070729)

감사합니다
사랑합니다
행복합니다

사랑하는 명성훈 형제님께

아버지학교의 명칭으로 오늘만은 형제님이라는 명칭을 사용했습니다. 태어나서 목사님께 형제님이라는 호칭을 쓰는 것은 이번이 처음입니다. Friendly(친근감)의 표현으로 양해해 주시면 감사하겠습니다.

아버지학교에 별다른 기대는 하지 않고 갔습니다. 두 번째 주에는 숙제를 하지 않고 해서 가지 않으려 했으나 아내의 강권에 못 이겨 지각을 했으나 갔습니다. 참 잘했다고 생각했습니다. 제가 아버지로서 남편으로서 잘하고 있는 것과 개선해야 할 점에 대한 명백한 깨달음이 있었습니다.

아버지학교를 통하여 제게 작은 변화가 있습니다. '아버지' 라는 자리가 얼마나 위대한 소임인지를 깨닫게 되었습니다. 우리 아이들에게 영적인 리더가 되기 위해 삶의 모범이 되기 위해 노력하고 있습니다. 아이들과 함께 놀아주고, 함께 목욕하고, 안아서 기도해주고 있습니다. 어제는 처음으로 아이들을 데리고 가정제단을 쌓았습니다. 그 전에 아내와는 가끔 가정예배를 드렸지만, 아이들과 함께 드린 것은 처음이어서 인상적이었습니다. 사도신경과 주기도문을 다 외우고 성경 말씀을 아빠보다 빨리 찾아 읽는 어린 딸의 모습을 보면서 감동이 밀려왔습니다. 하나님 아버지 감사합니다.

아내에게 하는 말 한마디 한마디도 이전 대비 신경이 쓰입니다. 특히, 아이들 앞에서 존중하는 말 한마디가 얼마나 소중한지 깨닫고 주의하고 있습니다. 우리 아들은 아빠가 조금만 목소리 톤이 높아져도 신경을 쓰고 있기에 제겐 좋은 alarm(경고)이 됩니다. 오늘 새벽기도회에서 공동체의 삶에 대한 공부를 하면서 저 또한 이제 소그룹의 리더로 살아갈 것을 다짐해봅니다. 항상 나와는 멀다고 생각했는데, 그런 마음을 버리고 주님께서 하라고 하시면 또, 목사님께서 권유하실 때 해야겠다는 마음을 갖게 됩니다. 감정에 기반한 사랑이 아닌 의지로 추구하는 사랑을 해야겠다고 다짐합니다.

아침 일찍 출근하여 잠시 스타벅스에 들렀습니다. 그 곳에서 성경을 읽고 큐티를 하는 한 분을 보았습니다. 가슴에 잔잔한 감동이 밀려오면서 새로운 도전이 생깁니다. 하나님과 나 사이에 이른 아침 교제의 시간을 가져야겠다는. 이제 제 자훈련 숙제도 정성껏 해야지 다짐합니다. 이렇게 좋은 교회에서 좋은 훈련을 하고 좋은 교제를 나누고 있는데 너무 좋아서 그냥 지나치는 것이 아닌가 반문하며 반성합니다. 그래서 아침 일찍 출근하여 어제 설교요약 한 것을 복사합니다. 그 전에도 요약한 것을 복사만 해서 제출하면 됐는데… 참 게으르고 무심했습니다.

목사님, 감사합니다, 사랑합니다, 행복합니다. 이렇게 좋은 교회에서 말씀에 기초한 신앙생활을 하고 지속적인 훈련을 통해 하나님과의 관계를 회복하게 해 주셔서 진심으로 감사드립니다. 제 개인이 성공하고 우리 가정이 행복하며 도시를 거룩하게 하는 일터사도의 삶을 살고 조국을 부강하게 하는 Upgrade Corea(한국부흥)의 인생이 되게끔 기도합니다. 오늘 새벽 목사님께 독수리와 같은 새 힘을 더 해 달라고 기도했습니다. 월요일, 목사님께는 휴일이지만, 잘 쉬실 수 있는지 모르겠습니다. 재충전의 시간이 되기를 바랍니다. 그럼, 금주에도 목사님께 좋은 일이 있기를 기도합니다. 감사합니다.   :(080323)

대구, 포항 그리고 영덕

하나님은 그를 사랑하는 자를 결코 내버려두지 않으신다.
그리고 하나님의 일은 어느 한두 사람이 아닌
각양각색의 모든 사람으로 이루어진다.

대구에 사는 김성렬, 김경아 부부를 심방하기 위해 내려갔다.

두 부부는 성시교회 초기 때부터 교회를 사랑하고 헌신했던 이들이다. 남편은 성가대원, 아내는 반주자로 주님을 섬겼다.

김성렬 집사는 문화 예술 기획자로 〈난타〉, 〈도깨비 스톰〉 등을 기획 제작하며 문화계의 일터 사도가 되는 꿈을 가졌다. 새벽마다, 밤마다 부르짖었더니 하나님께서 전국의 문화 센터 책임자 중 최연소의 나이로 대구 수성구 아트피아 예술의 전당 초대 관장으로 공채되는 기적을 선물로 주셨다.

수성구는 대구의 강남이라고 한다. 5천 평 대지에 3천 평 이상 되는 연건평으로 지어진 아트피아는 공사비만 3백억 원이 넘는 최첨단 시설이다. 함께 둘러보며 이곳을 예배 처소로 빌려 써서 성시교회 지교회를 세우는 꿈을 위해 기도했다.

김경아 자매는 혜주와 혜인이 두 딸과 함께 아직도 성시교회를 그리워하고 있다. 우리도 항상 아름다운 모습으로 모든 예배와 행사 때마다 기쁨으로 피아노를 치던 그녀를 잊을 수 없을 것이다. 앞으로 그들은 세계적인 일터 사도의 삶을 살게 될 것이다.

포항은 자주 가던 곳이라 낯익은 도시이다. 유명한 선교 선박 둘로스 호가 포항항에 정박하며 선교를 하고 있는 동안 기독교 텔레비전에서 〈열방을 향하여〉 특집을 촬영하기 위해 이미 십여 명의 스태프들이 모여 있었다.

둘로스 호는 현재 지구상에서 운행되는 최고령 선박으로 기네스북에 올라 있는 배이다. 타이타닉호가 건조된 지 2년 후인 1914년에 만들어진 배로 올해 93년이나 되었다. 그런데도 얼마나 갈고 닦았는지 배 안은 청결하고 상쾌했다.

그 배에서 하룻밤 묵으며 최종상 선교사 부부와 교제했다. 최종상 단장은 배 안의 350명 선교사들을 총지휘하는 책임자로 비서구인으로서는 최초로 단장이 된 분이다. 젊은 시절 인천에 입항한 로고스 호(또 다른 선교 선박)에 승선한 것이 계기가 되어 몇 년간 로고스 호와 둘로스 호에서 선교사 생활을 했고, 영국 런던 신학원에서 박사 학위를 받고 교수와 목회자로 명성을 떨치던 분이다. 그에게서 예수 그리스도의 향기를 느낄 수 있었다.

배 안의 선교사들은 모두 무보수로 자원하여 2년 이상씩 배를 타며 복음을 전하고 있다. 가장 오랫동안 배를 탄 분은 18년째라고 한다. 기관실의 엔지니어 사역자들은 다른 곳에서 4년만 배를 타면 평생 먹고 살 수 있는 보수를 받을 수도 있는데 모든 것을 희생하고 주님과 복음을 위하여 헌신하고 있다. 호주 출신의 미남 선장도 오직 예수님 때문에 둘로스 호에 승선했다고 한다. 둘로스 호는 전 세계 5백 여 항구에 한두 달씩 머무르면서 문서 선교와 문화 교류를 통해 복음을 전하고 있다. 우리가 모르는 곳에서 우리가 상상하는 것보다 더 위대하게 주님을 섬기는 사람들이 얼마나 많은지 모른다.

포항을 거쳐 영덕에서 제일 큰 영덕읍교회에서 3일간 부흥회를 인도했다. 99년이 된 교회는 침체의 늪에서 벗어나기 위해 몸부림을 치고 있었다. 다섯 차례에 걸친 집회를 통해 교회 부흥의 새로운 비전을 받고, 알파 코스를 통하여 전도하는 교회로 거듭나기로 결단했다.

매년 와서 은혜를 끼쳐달라는 부탁을 받으며 여섯 시간이나 걸려 서울로 돌아왔다. 그 교회 담임 목사와 장로들이 우리 교회 알파 코스를 견학하러 올라오기도 했다.

한 주간의 국내 선교 여행을 통해 새삼 깨달은 것이 있다. 하나님은 그를 사랑하는 자를 결코 내버려두지 않으신다는 것이다. 그리고 하나님의 일은 어느 한두 사람이 아닌 각양각색의 모든 사람으로 이루어진다는 것이다.

하나님은 사랑이시다!　:(070708)

파란 눈의 선교사

사람을 키우는 것이 가장 위대한 일이다.
그리스도의 사랑과 은혜를 다른 민족들에게, 다음 세대들에게
지속적으로 전할 사역자, 제자, 지도자, 일터 사도를 키워내는 일이다.

기독교 텔레비전(CTS)에서 올 가을에 방영하게 될 특집 다큐멘터리 〈파란 눈의 선교사〉 제작을 위해 미국 노스캐롤라이나의 블랙 마운틴에 다녀왔다.

1900년대 초 일제시대부터 해방 후 한국전쟁을 거쳐 지난 1990년대까지 한국에서 사역하던 미국의 선교사들이 은퇴하여 생존하신 분들이 그곳에서 모여 살고 있다. 블랙 마운틴은 조지아 주 애틀랜타에서 다시 한 시간을 비행기로 애쉬빌로 들어가서 자동차로 30분 가량 들어가는 한적한 시골마을이다.

인구 수천 명의 이곳은 노스캐롤라이나의 가장 아름다운 풍경을 가진 곳 중의 한 곳이다. 은퇴한 선교사들이 이곳에 모여 사는 이유는 그 지형이 한국과 너무나도 흡사한 산지와 평야 그리고 강으로 둘러싸인 곳이기 때문이다.

또 다른 이유는 블랙 마운틴과 지경을 같이하고 있는 몬트리에라는 마을에 있는 몬트리에 대학 때문이다. 이 대학에서는 해외 특히 한국에

나가서 사역하는 선교사들의 자녀들을 교육하기 위해 특별한 헌신을
하였고 선교사들의 안식년을 보낼 수 있도록 배려하는 프로그램을 지
난 1세기 동안 꾸준하게 주도해 왔다.

이곳에서 마지막 생을 마무리하고 있는 선교사들의 숫자는 30여명
에 이른다. 그들의 나이는 75세 정도가 가장 어린 나이이고 최고령자는
엘리자베스 윌슨 선교사로서 만 99세 우리나라 나이로 100세이다. 월
슨 선교사는 4대째 선교사 가정으로 한국 전주에서 태어났다. 그 동생
존 윌슨 박사는 의사로서 한국의 전주와 광주, 대구 등지에서 누나인
윌슨 간호사와 함께 수많은 병자들 특히 나병환자들을 치료하고 구원
했다고 한다.

전주예수 병원과 소록도의 애향원 등은 그들 남매는 물론 아버지가
직접 세우고 사역했던 곳이다. 병원뿐만 아니라 교회를 개척하고 학교
를 세우고 적지 않은 한국의 엘리트 지도자들을 양성하기 위해 일생을
바친 선교사들, 그들 한 분 한 분의 감동과 헌신과 희생의 삶을 영상으
로 옮기는 이번 다큐 제작은 우리 성시교회에서 후원하는 프로그램이
다. 선교 전문 프로그램인 〈열방을 향하여〉의 진행자로서 방송국의 요
청으로 내 자신 이 다큐의 진행의 일부를 맡게 되었다.

작품이 완성되어 10부작으로 방영이 되면 한국교회에 적지 않은 영
향이 있을 것이다. 오늘 한국이 이처럼 정치적으로 민주화되고, 경제적
으로 잘 살게 되고, 영적으로 선교대국이 된 이유 중의 일부를 정확하
게 알게 될 것이다. 한 분 한 분을 만날 때마다 우리의 현재 축복이 결코
우연이 아님을 알게 된다.

하나님과 복음과 한국인의 영혼을 위해 아름답고 깨끗하게 살다 간 선교사들의 사랑과 헌신에 머리 숙여지고 가슴 숙연해진다 허리는 굽었고 얼굴은 주름으로 가득하지만 그 몸과 말과 행동에서 뿜어지는 향기는 분명 천사, 아니 그리스도의 형상 그 자체인 듯하다. 너무나도 비참했던 시절, 얼마나 힘들었을까 하는 질문에 아무도 힘들다고 대답하지 않는다. 너무 감사했고, 아름다웠고, 무엇보다 한국인들로부터 사랑 많이 받았다고 한결같은 은혜의 고백이다.

이번 여행을 통해 무엇이 진정 가치 있는 것이며, 성공과 행복이 과연 어떤 것인지를 가슴 시리도록 깨닫게 된다. 선교사들이 가장 행복해한 것은 자신들의 사역과 추억이 아니었다. 바로 우리 자신, 즉 그들이 키운 사람들이었다.

나 또한 나의 남은 생애 가장 귀하게 여겨야 할 것은 다름 아니다. 교회를 크게 세우고, 이름을 날리고, 사람들에게 무엇인가를 보여주는 것이 아니다. 진정 나를 대신해서 그리스도의 사랑과 은혜를 다른 민족들에게, 다음 세대들에게 지속적으로 전할 사역자, 제자, 지도자, 일터 사도를 키워내는 일이다. 사람을 키우는 것이 가장 위대한 일이리라.

:(070513)

예수는 남조선에만 있는 겁니까?

"주여! 다른 것이 아닙니다.
그 세 가지를 북한 동포도 가지게 하옵소서!"

"예수는 남조선에만 사는 겁니까?"

최근 개봉된 '크로싱'이라는 영화에서 주인공 탈북자가 절규와 같이 내뱉은 말이다. 함경도 탄광에서 뼈 빠지게 일하던 김용수(차인표 분)는 병든 아내를 위한 약과 아들 준이에게 먹을 것, 그리고 아들이 좋아하는 축구공을 사주기 위해 두만강을 건넜다. 불법적으로 벌목장에서 힘든 일을 하던 용수는 공안당국에 쫓기다가 그동안 번 돈을 잃어버리고 만다. 마침 탈북자 브로커를 만나 함께 동행하면 돈을 받는다기에 사정도 모른 채 북경주재 독일 대사관으로 들어간다.

그곳에서 비로소 그는 그들 일행이 한국으로 들어가는 탈북자들인 것을 알게 된다. 담당자에게 자신은 돈을 받아 다시 북한으로 들어가 아내와 아들을 살려야 한다고 부르짖지만 어쩔 수 없이 한국행을 택할 수밖에 없다는 소리만 듣는다. 결국 한국에 들어와 새터민으로 공장에서 일하며 미친 듯이 돈을 모은다. 정부로부터 받은 아파트도 임대로 주고 정착금과 임금을 모아 아내와 아들을 만나려고 백방으로 애쓴다.

그 사이 아내는 굶주림과 결핵으로 아들 준이(신명철 분)를 남겨둔 채 세상을 떠나고 만다. 그 소식을 전해들은 탈북자 용수가 통곡을 하며 절규를 할 때 그리스도인인 공장장이 "예수님이 계시니 희망을 갖자"고 위로하자 용수가 소리친 말이 바로 "왜 예수가 남조선에만 사는 겁니까? 왜 북조선에는 예수가 없어서 죽어가는 사람을 구원해 주지 못한다는 말입니까?"라는 울부짖음이었다.

영화를 보는 내내 마음이 먹먹하고 가슴이 답답했다. 속에서 소리 없는 눈물이 흘러나왔다. 아내는 연신 손으로 눈물을 닦는다. 영화 시사회에서 어느 목사님이 영화를 본 소감으로 '거룩한 고문이었다' 는 말이 실감난다. 사실 이 영화는 북한의 비참한 실상을 10분의 1로 순화하여 묘사했다고 한다.

탈북자 100여명을 만나 인터뷰하여 4년간에 걸쳐서 제작된 이 영화는 북한의 참상을 있는 그대로 그릴 경우 너무 충격이 커서 오히려 메시지가 죽을 것을 우려하여 정치색을 배제하고 북한 주민의 굶주리는 일상이나 특히 탈북자 수용소의 모습은 현실보다 훨씬 더 나은 형편으로 촬영했다고 한다.

그럼에도 불구하고 너무 불쌍하고 안타까운 모습이 스크린 내내 서려있다. 특히 아들 준이가 탈북 브로커의 농간으로 중국과 몽고의 허허벌판 국경지대 사막에서 이틀간 혼자 헤매다가 밤하늘의 별을 보며 죽어가는 장면, 그리고 그 아들의 시체를 묻으며 피눈물을 뿌리는 아버지 용수의 비극은 내가 지금 살아있다는 것이 부끄러운 마음을 가지게 했다.

자동차로 한 시간 거리의 같은 땅에서 같은 핏줄의 내 동포가 한두 명도 아닌 수백만 명이 굶어죽어가고 있다는 사실만으로도 우리는 그들의 아픔을 나의 아픔으로 받아들일 수밖에 없는 운명이다.

이 영화의 제작동기, 흥행, 비평에 관계없이 나는 한국인이라면 더구나 그리스도인이라면 반드시 이 영화 '크로싱'을 보아야 한다고 주장하고 싶다. 같은 동포가 양식이 없이 죽어가고 있고 인권과 자유가 없이 짐승처럼 살고 있기에 그렇다. 영화 내용 중에 삶과 죽음, 그리스도인의 선교와 기도 그리고 성경이 나오기에 그렇다.

아들 준이가 너무 혹독한 현실에서 여자 친구에게 묻는 질문에 우리가 어떻게 해서든 대답을 해야 하리라. "우리가 죽으면 다음 세상이 있다고 하는데, 그 세상에서 엄마 아빠 모두를 만날 수 있다고 하는데 사실이니?"

이 영화가 우리에게 웃음은 줄 수 없을지라도 우리의 절박한 현실과 사명은 일깨워줄 수 있을 것이다. 우리가 모두 가지고 있는 세 가지, 양식과 자유와 복음을 그들은 가지고 있지 못하다.

주여! 다른 것이 아닙니다. 그 세 가지를 북한 동포도 가지게 하옵소서! :(080706)

필리핀 선교여행기

이 모든 것 하나님이 하시옵소서!

2009년 1월 23일 밤비행기로 성시교회 3가정 9명의 선교팀이 필리핀 클라크필드를 향했다. 4시간 비행 끝에 현지시간으로 12시쯤 도착하여 조윤수 장로님 일행을 만났다.

조윤수 장로는 20년 전 내가 여의도교회에서 지도자교육을 실시했을 때 은혜 받은 분으로서 초신자를 거쳐 장로가 된 분이다. 12년 전 필리핀에 가서 코리아 하우스라는 한식당을 운영하고 필리핀 사회의 지도자들과 교류하여 한국교포사회의 유지 노릇을 하고 있다. 클라크선교회 회장, 클라크안디옥교회의 창립 장로, 아시아나 클라크지점장, 노블레스 국제학교의 부이사장, 굿피플 NGO 클라크지회장 등의 다양한 직함을 가지고 교회와 지역사회를 섬기는 일을 열심히 하고 있다.

나를 멘토로 여기며 평신도로서 일터사도의 비전을 실현하고 있는 자랑스러운 영적 제자이다. 조 장로의 인도로 세관통과도 프리패스하여 클라크 단지 내의 할러데이인 호텔에 체크인을 하였다. 내가 9년 전 필리핀 목회자 6백 명에게 교회성장 세미나를 하러 왔을 때 머물렀던

호텔이었다.

클라크 지역은 1903년에 미국이 건설한 공군기지로서 그 면적이 여의도의 120배나 되는 엄청난 크기이다. 한 시간 거리의 수빅항은 역시 미국의 해군기지로 명성이 있던 곳이다. 미군이 철수한 후 방치되어 있다가 최근 몇 년 사이에 경제자유특구로 지정되어 전세계 500여개의 기업이 들어와 있는 필리핀 최고의 개발예정지역이다. 지난 2, 3년 사이에 한국인도 1천여 명에서 1만 5천명으로 늘어났고 한국 국적기가 직항으로 주 10편 이상 운항되고 있다. 작년 한 해에만 한국인이 유학, 사업, 레저 등으로 1백만 명이 넘게 입국했다고 한다.

먼저 노블레스 국제학교를 방문했다. 한국인 몇 사람이 100억을 들여 1만 5천 평 대지를 구입하고 건물을 세워 제대로 된 국제학교를 작년 가을에 개교했다고 한다. 그곳의 외국기업에 근무하는 사람들의 자녀를 위한 본격적인 학교로서 앞으로 채플을 짓고 성경을 교육함으로 미래 크리스천 리더들을 양성하는 비전을 가지고 있다.

주일에는 클라크 안디옥교회에 7시, 11시 예배를 인도했다. 7시는 방문자 중심, 11시는 거주자 중심의 예배였다. 지금은 호텔에서 예배를 드리지만 조만간 400평 장기 임대한 최적의 부지에 올해 안에 성전을 지어 옮길 예정이다. 안디옥교회는 선교공동체로서 지금까지 필리핀 최고의 신학교(APTS) 출신 27명의 선교사를 동남아 각국으로 파송하였다고 한다. 은혜가운데 안디옥교회가 성시교회의 자매 지교회로 선포되어 앞으로 '성시안디옥교회'로 부르기로 하였다.

다음날 탈락크에 있는 시티오 아루난 카파스 초등학교를 방문하여 학생들에게 음식을 제공하는 밥퍼사역(feeding program)에 참여하였다. 빈부의 격차가 심한 필리핀에는 점심을 먹지 못하는 학생들이 너무 많다. 맨발에 열악한 학교시설에서 공부하는 모습이 안쓰러웠다.

그 다음날에는 최근 화산활동으로 유명한 피나투보 산기슭의 팜팡가 깔룸팡 마바라카트 산족을 찾았다. 필리핀 사람들도 외면하는 최초의 원주민 아이따족(작은 흑인이라는 뜻)을 찾아 사랑을 전하기 위해서이다. 두 시간이 넘게 4륜구동 짚차로 갈아탄 후 사막과 물길과 산악길을 넘어 비로소 도착한 깔룸팡 마을은 원시 그대로의 모습이다. 상, 하수도가 전혀 없고 전기도 없어서 한국의 구호단체인 굿피플에서 최근 120세대 전체와 가로등을 위해 태양전지광(solar lamp)을 달아주었다.

그곳에도 한국 선교사가 세운 교회가 있었다. 그들 600명을 위해 준비한 점심을 전달하고 예수님의 이름으로 축복을 하였다. 앞으로 이 지역을 중심으로 일터사도학교, 선교사 파송과 재교육, 필리핀 지도자 세미나, 비즈니스 미션 등에 성시교회가 참여하는 가능성을 타진한 것이 이번 선교여행의 가장 큰 수확이다.

이 모든 것 하나님이 하시옵소서! :(090123)

예수 마니아

오늘 우리에게는 진정 가치 있는 일에 미치는 사람이 필요하다.
주여, 그러한 한 사람, 자신의 사명에 미친 한 사람을 주옵소서!
우리 모두 예수 마니아가 되게 하옵소서!

지민이가 다니는 독정초등학교의 이야기이다.

지민이 담임선생님이 독감에 걸려 결근했다. 대체교사로 나오신 선생님이 아이들에게 교회 다니는 사람, 예수 믿는 사람 손들라고 했다고 한다. 반 아이들의 3분이 2 이상이 손을 들었다. 아니 지민이 말로는 4분 3 이상이 교회 다닌다고 손을 들었다고 한다. 선생님이 놀라듯이 "교회 다니는 아이가 많네!"라고 하자 어떤 아이가 "목사님 아들도 있어요"라고 했다. 누구냐고 하자 지민이가 손을 들었다. 어느 교회 목사님이냐고 묻자 성시교회라고 했다.

그 선생님은 아주 반겨하면서 "성시교회가 참 좋은 교회다"라고 했다. 그러면서 교회를 다니면 좋은 일이 많고 축복을 받는다고 하면서 간접적으로 전도를 했다고 한다. 지민이 말로는 예수를 믿으라거나, 교회를 다니라고 직접적으로 말하면 반대하는 아이들도 있을 것 같아 대놓고는 말하지 않았지만 교회를 다니라고 전도하는 것이 분명했다고 한다. 그러면서 지민이는 "독정초등학교가 크리스천 학교가 될 것 같아요. 그 선생님이 반마다 돌아다니면서 예수님과 교회에 대해서 계속 좋은 말을 하며 전도를 하거든요"라고 말한다.

그 말을 들으면서 마음에 감동이 다가왔다. 어느 선생님일까? 성시교회에 대해서 좋은 이미지를 가지고 홍보를 해 주시다니. 성시교회 교인일까? 아니면 성시교회나 나에 대해서 좋은 이야기를 들은 분일까? 만나보고 싶은 마음이 든다. 딱히 성시교회를 언급해서가 아니다. 예수님에 대해서, 교회에 대해서 아이들에게 전도하는 그 열정이 너무 고마운 것이다. 임시 선생님으로서 한두 시간 교과과목으로 때울 수도 있었을 것이다. 아니 세상 지식을 열심히 가르치는 것으로도 그 분은 자신의 책임을 다했다고 볼 수 있을 것이다.

그러나 그 분은 진정 거듭난 그리스도인이요 성령이 그 마음에 가득한 주님의 제자임에 틀림없다. 때를 얻든지 못 얻든지 복음을 전하라는 주님의 명령을 기쁨으로 생활 가운데서 실천하고 계시는 분이다. 이른바 예수 마니아이다. 어떤 일에 광적으로 열정을 가진 자를 '마니아'(mania)라고 한다. 자동차에 미친 사람을 자동차 마니아라고 하고, 자전거에 미친 사람을 자전거 마니아라고 한다. 돈에 미친 사람을 재테크 마니아라고 하고, 오페라에 미친 사람을 오페라 마니아라고 한다.

우리 그리스도인은 예수 마니아가 되어야 한다. 이왕 예수 믿는 것, 예수에 미친 사람이 되는 것이 가장 성공적인 인생, 가장 위대한 인생이 되는 것이다.

오늘 우리에게는 진정 가치 있는 일에 미치는 사람이 필요하다. 자기 일에 미친 사람이 가장 행복한 사람이다. 내가 자주 하는 말이지만 "미치면 미치고 안 미치면 못 미친다.” 누가 시켜서 마지못해 하는 사람, 아니 시킨 것도 제대로 하지 않는 사람은 가장 어리석고 불쌍한 사람이다.

교회나 직장에서도 그런 사람은 불평과 불만이 많고 무책임하고 불행하다. 자기 할 일을 제대로 안하고 딴생각하는 사람, 윗사람이 볼 때나 하는 척하고 상사가 없으면 자기 멋대로인 사람, 그런 사람은 결코 되지 말아야 한다.

말만 하고 결심만 하고 은혜 받았다고만 하지 실제로는 움직이지 않는 사람도 되지 말아야 한다. 창의적으로 주어진 일에 120%, 200%, 아니 천프로, 만프로를 남기는 사람, 그런 사람 한 사람만 있어도 우리 가정이 교회가 일터와 조국이 달라질 텐데.

주여, 그러한 한 사람, 자신의 사명에 미친 한 사람을 주옵소서! 전도에 미친 사람, 기도에 미친 사람, 교회성장에 미친 사람, 제자훈련에 미친 사람, 소그룹에 미친 사람이 되게 하옵소서! 우리 모두 예수 마니아가 되게 하옵소서! :(080420)

너희가 성경을 아느냐?

하나님의 말씀을 사모하고 그 말씀공부를 기다린다는 것처럼 은혜와 축복이 없다.
성경은 하나님의 말씀이다.
하나님의 말씀은 바로 하나님 자신이시다.

2월부터 시작된 공동체 평신도 성경대학(공평성) 1기의 열기가 뜨겁다. 신구약 성경 전체를 2년에 걸쳐 통독, 정독하면서 마음에 새길 만한 골든버스(황금요절) 중심으로 연구하는 공평성은 정말 좋다.

지금까지 총론과 모세오경을 마치고 있다. 학생들은 미리 성경을 읽어와야 한다. 성경의 각 장을 읽고 장의 제목을 기록한다. 그리고 본문에서 정말 은혜가 되고, 암송하고 싶은 구절들은 밑줄을 친다. 좀 더 성실한 성도라면 노트에 혹은 컴퓨터에 기록을 한다. 그 황금요절에 제목을 단다. 그리고 성경대학에 와서 강사의 강의를 듣는다. 자기가 밑줄 친 요절이 강사의 골든버스와 일치하면 그렇게 좋을 수가 없다고 한다.

영어를 아는 사람이라면 영어성경도 같이 함께 읽는 것도 좋은 일이다. 최근 우리나라 영어교육의 인기 지도자 중의 한 사람인 정철 선생이 예수를 믿고 영어성경으로 영어를 가르치는 열풍이 일어나고 있다. 그에 의하면 영어성경으로 영어를 공부하는 것이 최고의 학습이라고 한다. 영성과 영어를 동시에 마스터 할 수 있기 때문이다. 특히 어린이들을 영어성경, 그 중에서도 요한복음으로 영어를 가르치면 최고의 교재가 된다고 한다. 그러니 성경대학에서도 영어성경을 함께 읽는다면 일석이조가 되는 것이다. 어느 성도는 영어성경과 함께 민수기를 다섯 시간에 걸쳐 읽고 남편과 함께 나누는 시간이 그렇게 즐겁고 은혜로울 수가 없다고 했다.

현재 성경대학에서 공부하고 있는 성도들은 말씀의 은혜와 재미를 체험하기 시작했다고 할 수 있다. 이번 성경대학은 하나님께서 특별히 마련하신 영적 잔치이다. 우리 교회 성도뿐만 아니라 적지 않은 타 교인들도 와서 성경을 사랑하고 있다. 심지어 가톨릭 신자들도 두세 명이 찾아왔다. 내가 전혀 모르는 사람을 통해서 소개를 받고 등록했다고 한다. 분당에 있는 요한 성전에서 20년 이상 천주교를 믿는 어느 신도는 성경을 처음부터 끝까지 체계적으로 공부하고 싶은 평생의 소원을 공평성에서 이룰 수 있어서 얼마나 행복한지 모른다고 했다. 화요일이 가장 손꼽아 기다려진다고 한다.

이 얼마나 감사하고 고마운 일인가. 하나님의 말씀을 사모하고 그 말씀공부를 기다린다는 것처럼 은혜와 축복이 없다. 성경은 하나님의 말씀이다. 하나님의 말씀은 바로 하나님 자신이시다. 우리가 하나님을 어떻게 만나고, 어떻게 알고, 어떻게 경험할 수 있는가? 바로 하나님이시고, 말씀이신 성경을 통해서 하나님과의 인카운터(인격적 만남)가 가능한 것이다.

그러므로 성경을 가까이 하는 것은 하나님을 가까이 하는 것이다. 성경을 사랑하는 것은 하나님을 사랑하는 것이다. 성경을 순종하고 실천하는 것은 하나님에게 복종하는 것이다. 나는 우리 모든 성도가 성경을 사랑하고 배우고 실천하고 가르치는 성도가 되기를 소원한다. 나 자신 이번 성경대학에서 30년 만에 본격적으로 성경을 가르치면서 얼마나 행복한지 모른다. 말씀의 빛이 내 머리와 가슴에 쏟아지는 것 같다. 시간만 나면 성경을 붙들고 읽어나간다. 그리고 묵상한다. 그리고 하나님이 주신 은혜를 기록하여 성도들에게 들고 나간다.

그럴 때 말씀이 육신이 되어 우리 가운데 거하게 된다. 그동안 성경을 좀 더 읽지 못하고 공부하지 못하고 가르치지 못한 것을 회개했다. 지금이라도 우리 모든 성도들이 성경을 가까이 하는 결단이 있기를 기원한다. 중간에도 수시 등록하여 공부할 수 있으니 모든 성도들, 특히 남성들이 성경대학에 들어와서 성경을 공부하기를 바란다. 오늘부터 시작되는 알파코스도 반드시 성공하여 모든 게스트들이 예수님을 만나고 성령을 받도록 기도하자.

주여, 우리를 성경의 사람으로 세워 주옵소서! :(20110403)

음악, 경이로운 하나님의 선물

우리 교회 음악사역자들은 평신도 자비량 사역자이어야 한다.
그들이야말로 진정한 실력자요 하나님의 자랑이기 때문이다.
우리 모두는 하나님의 경이로운 선물이다!

지난 4월 25일 예술의 전당 소연주실에서 서울 챔버스 앙상블 오케스트라의 정기 연주회가 있었다.

지휘자는 당 오케스트라의 감독이자 단장이며 우리 성시교회 3부 예배 성가대 지휘자로 새로 부임하신 김준차 집사이다. 김 집사님은 부인 한혜영 집사와 함께 얼마 전에 우리 교회에 등록하신 새 가족이다.

두 부부 모두 서울대 음대에서 김 집사님은 피아노 전공이고 한 집사님은 성악을 전공했다. 음대 시절 선배이신 김 집사님이 이제 막 신입생으로 합창단에 들어온 한 집사님이 너무 예뻐서 일부러 다가가 레슨을 도와주는 척하면서 구애를 시작하여 연애 6년 만에 결혼에 성공하셨다고 한다.

결혼후 미국의 그 유명한 피바디 대학교와 줄리아드에서 각각 수학했고 미국 생활을 청산한 후 한국에 와서 서울 챔버스를 창단하고 연세대에서 초빙교수 등을 역임했고 여러 교회에서 성가대 지휘자로 수십 년을 섬기셨다.

그런 중에 주님의 섭리로 우리 성시교회 성도가 되고 말씀에 은혜를 받으면서 3부 성가대에서 평대원으로 찬양하던 중에 불편한 몸 때문에 쉬게 된 최익선 지휘자의 뒤를 이어 성시교회를 섬기게 된 것이다. 부인인 한혜영 집사님도 자원해서 수요예배의 지휘를 섬기신다.

아무튼 김준차 집사님 덕분에 성시교회의 교인들이 초대를 받아 예술의 전당에 모였다. 3백여명이 들어갈 정도의 소연주실이었지만 오히려 가족 같은 분위기가 더 은혜로웠다. 앞의 오케스트라 단원들의 얼굴 표정까지 자세히 볼 수 있어 좋았다.

50명 가까운 단원들이 하나같이 서로 다른 모습이다. 가지고 있는 악기도, 입은 옷차림도, 얼굴 생김새도, 연주하는 몸짓도 어쩌면 그렇게 서로 다른지, 그러면서도 지휘자의 인도에 따라 한소리를 내는 모습에 새삼 공동체의 힘을 느낄 수 있었다.

인간이란 참으로 위대한 존재이다. 수십 가지의 서로 다른 악기들을 누가 발명했는지, 그 악기들을 하나로 모아 아름다운 심포니를 연주하는 법을 어떻게 알아냈는지, 연주할 곡을 음표를 이용하여 작곡하는 법은 또 누가 시작했는지, 갑자기 음악의 역사, 작곡의 발자취, 그리고 오케스트라의 기원을 알고 싶은 마음이 솟구쳤다.

왜 내가 좀 더 음악에 대해서 최소한 이론이나 역사적으로 공부를 안 했는지 후회스러웠다. 중학교 시절 너무도 신경질적으로 학생들을 때리면서 음악을 가르쳤던 노처녀 음악선생 때문에 음악 자체를 싫어했던 것이 변명이라면 구차한 변명이다. 변성기로 노래가 나오지 않았던 시절 그 선생님은 너무 많은 학생에게 악명이 높았었다. 감수성이 예민

한 시절 선생님의 역할이 얼마나 중요한지 평생을 두고 절감하게 된다.

지휘를 하기 전 지휘자가 모차르트며 베토벤이며 연주할 곡의 작곡가에 대해서 상세하게 설명하는 모습이 매우 인상적이었다. 같이 데리고 간 지민이도 나중에 일기장에 지휘자의 자상한 해설과 멋진 지휘모습에 대해 "오케스트라에서 지휘자가 얼마나 중요한지 새삼 깨달았다. 리더는 항상 중요한 존재이다"라고 적었다.

두세 달 전 3부 성가대 김승연 반주자가 세종문화회관에서 피아노 독주회를 열었을 때도 성시교인들은 감동을 받았었다. 정상급의 반주자와 지휘자가 개척단계의 우리 교회에서 자비량으로 섬기는 모습은 우리 모두의 자랑이다. 2부 성가대의 최미란 지휘자와 최미현 반주자 자매, 1부 예배의 박찬근 지휘자, 최혜경 반주자, 그리고 수요예배의 강윤희 반주자 등 실력자들이 우리 교회 음악사역을 섬기는 모습은 언제 보아도 하나님의 선물이다.

음악 자체가 하나님의 선물이듯이. 그리고 그것은 나의 목회적 꿈의 성취이다. 우리 교회 음악사역자들은 평신도 자비량 사역자이어야 한다는. 왜냐하면 그들이야말로 진정한 실력자요 하나님의 자랑이기 때문이다.

우리 모두는 하나님의 경이로운 선물이다! :(080504)

장미와 하나님

죽었던 장미나무에서 부활의 생명이 터져나와 감동을 주는 넝쿨이 된 것처럼
성시교회는 죽었던 영혼들에게 생명과 생기와 말씀의 에너지를 뿜어낼 것이다.
그 모든 것이 어우러져 아름다운 하나님의 작품으로.

제자훈련을 마치고 자매들과 함께 점심을 먹기 위해 교회 뒷길로 나왔다. 아, 그런데 내 눈에 놀라운 장면이 들어왔다.

교회 맞은편 프로방스 아파트 철제 담장 위를 따라 길게 늘어진 장미 넝쿨이 금빛 햇살을 받으며 나에게 할렐루야 하고 있는 것이 아닌가! 이 끝에서 저 끝까지 족히 100미터가 넘는 길을 따라 초록색 잎 사이로 새빨간 장미꽃들이 너도 나도 웃음꽃을, 그것도 함박웃음을 터뜨리고 있었다. 장미, 그것도 빨간 장미는 꽃 중의 여왕이다. 6월이 장미의 달이지만 5월말에 이미 너도나도 경쟁하듯 봉오리가 터지고 있는 중이다.

이 많은 장미꽃들이 왜 갑자기 내 눈에 들어왔지? 아, 그렇구나. 전도축제를 앞두고 정신없이 교회 일에 매달리는 내 마음에, 내 눈에 여유가 없었구나. 이제 한숨 돌리고 나서 뒷길을 나가보니 마치 갑자기 장미 넝쿨이 터지듯 나타난 것이다.

장미는 이전부터 단장을 하고 있었지만 내 눈에는 이제야 들어온 것이다. 얼마나 아름답고 화려하고 눈부신 장미인가! 한 송이 두 송이도

아니고 풍성한 다발로 끝없이 이어지듯 장미넝쿨이 늘어져 있다. 에버랜드의 장미축제보다 더 멋있는 장미가족이 우리 성시교회 뒷길에 늘어져 있다니. 아직 못 본 분들은 빨리 나가서 장미와 인사를 하시라.

이제부터는 좀 더 여유를 가지고 살리라. 장미와 함께 넝쿨 밑에서 겸손하게 쳐다보는 노란색의 애기똥풀도 보인다. 애기똥풀은 장미와는 비교도 되지 않을 정도로 작고 초라하지만 가만히 들여다보면 그 들풀도 아름답기 그지없다. 장미를 보면서 성시교회를 생각한다.

성시교회의 성도들, 특히 제자훈련 받는 자매들이 장미처럼 아름답다. 주님을 사랑하고, 주님의 제자가 되고자 하는 마음들이 장미같이 기품이 있다.

장미 같은 성도를 주신 하나님께 감사를 드린다.

장미를 영어로 ROSE라고 하던가. 예의 그 두음법칙 게임이 발동했다. ROSE의 머리글자로 성시교회의 자화상을 정리해 보았다.

R은 Revival(부흥)이다. 장미가 엄청나게 다발로 이어져 있다. 성시교회는 부흥되고 있고 부흥될 것이다. 교회성장과 부흥은 하나님의 절대적인 뜻이다.

O는 Oneness(일치)이다. 장미들이 서로 연결되어 좌우로 긴 행렬을 이루고 있다. 성시교회는 하나되는 교회이다. 싸우고 시기하고 당짓는 교회가 아니라 서로 사랑하고 격려하고 한 몸 되는 거룩한 교회이다.

S는 Spiritual gifts(은사)이다. 장미는 보이지 않는 뿌리와 줄기와 잎사귀 그리고 가시까지 함께 할 때 꽃의 여왕이 될 수 있다. 성시교회는 성령의 은사가 충만한 교회이다. 모든 성도들이 각자의 독특성을 가

지고 서로를 섬길 때 아름다운 몸을 이룬다.

E는 Energy(열정)이다. 장미는 생명과 열정과 에너지를 뿜어내고 있다. 성시교회는 삼위일체 하나님의 힘과 에너지로 충만하다. 지난 겨울 죽었던 장미나무에서 부활의 생명이 터져나와 사람에게 감동을 주는 넝쿨이 된 것처럼 성시교회는 죽었던 영혼들에게 생명과 생기와 말씀의 에너지를 뿜어낼 것이다. 빨간 장미는 예수님의 보혈로 세워지는 교회를 연상하게 한다.

성시교회는 장미 같은 교회가 되었으면 한다. 꽃 중에서 가장 명품이 되듯 교회 중에 명품교회가 되었으면 한다. 세보지 않았지만 장미 전체의 숫자가 2만송이가 될 것 같다. 성시교회의 2만 성도의 비전이 장미와 오버랩 된다.

장미 한 송이 한 송이가 서로 다르듯 성시교회 성도 한 사람 한 사람이 서로 독특하다. 활짝 피어 더 이상 클 수 없는 송이가 있고, 아직 봉오리가 여물지 않은 작은 송이도 있다. 꽃은 아니지만 줄기와 잎사귀와 가시 같은 성도도 있을 것이다.

그 모든 것이 어우러져 아름다운 하나님의 작품이 될지어다!

:(080601)

아주 특별한 날

세계적으로 쓰임받으신 위대한 영적 지도자 세 분을
하루 오전 중에 개인적으로 뵈었다는 것만으로도
오늘 하루는 아주 특별한 날이다.

지난 9월 22일은 아주 특별한 날이었다. 하루 사이에 한국 기독교의 거성(巨星) 세 분을 만난 것이다.

〈1〉

아침 7시에 롯데 호텔 페닌실라 식당에서 김장환 목사님을 만났다. 세계 침례교 총회장과의 조찬에 초대를 받은 것이다. 자메이카 출신의 카람박사는 영어가 탁월했다. 김장환 목사님을 앞에 두고 총회장 바로 옆자리에 앉아 담소를 나누었다. 극동방송에 설교가 나가는 목회자 중에 영어가 가능한 몇 분과 동석했다. 한국교회를 알리고 함께 마음을 나누는 자리에 김장환 목사님이 개인적으로 나를 불러 함께 자리를 같이 하게 한 것이다. 김장환 목사님은 내가 교회성장연구소 소장 시절 극동방송에 설교와 강의를 방송할 때부터 친분을 가지고 특별한 관심을 가져주셨다. 수원의 중앙침례교회를 개척하여 45년간 목회하시고, 극동방송 사장으로 헌신하시다가 지금은 회장으로 재직중이신 한국교계의 큰 인물이다. 세계침례교 총회장으로도 지도력을 발휘하셨고, 그 유명한 빌리 그래함 목사님의 절친한 동역자이기도 하다. 현재 76세의 고령에도 불구하고 여전히 청년같은 열정과 위트가 넘치는 모습이다. 그런 분이 아주 오래전부터 개인적으로 나에게 인정과 사랑을 표현할 때마다 마음 뿌듯하다.

〈2〉

두 시간 후에는 여의도에서 조용기 목사님을 대면했다. 나의 영적 아비요 스승이요 멘토인 조 목사님과의 인연은 1965년부터이니 올해로 44년째이다. 초등학교 3학년 시절 서대문에 있는 교회를 출석할 때부터 조 목사님은 나와 우리 가족의 영적 지도자이시다. 여의도순복음교회 부목사 시절 출근하시는 목사님을 매일 아침 뵐 때가 어제 같다. 이제 그 때처럼 자주 뵙지 못하지만 제자들 모임에서, 혹은 개인적으로 면담을 할 때마다 조 목사님의 카리스마는 변함이 없다. 개척목회의 애환을 이해해 주시고 격려해 주셨다. 교회가 아주 훌륭하다며 성시교회가 크게 일어나는 계기가 되도록 안수해 주셨다. 다가오는 중추절에 많이 행복하시고, 오래오래 건강하시도록 인사를 드렸다. 냉정한 것 같으면서도 제자를 아끼고 사랑하는 마음이 변함없음을 만나 뵐 때마다 감격하게 된다. 대학부 회장 시절부터 개인적인 만남의 관계를 가진 이후, 교육연구소 시절, 유학시절, 부목사 시절 등 부교역자로서의 30년 가까운 세월에 조 목사님께서 주신 사랑은 헤아릴 길이 없다.

〈3〉

　같은 날 점심때에는 세브란스 병원에서 투병중이신 김준곤 목사님을 뵈었다. 전날 거의 소천하실 뻔했다는 조 목사님의 말씀을 듣고 병문안을 간 것이다. 팔순이 넘으신 김 목사님은 자타가 공인하는 민족복음화, 학생복음화, 도시복음화의 전설적인 지도자이다. 김준곤 목사님도 내가 교회성장연구소 소장으로 전국을 누비며 사역할 때부터 자연스럽게 가까이 모시게 된 분 중의 한 분이다. 김준곤 목사님은 특히 성시교회 창립예배와 또 다른 기념주일에 두 번이나 오셔서 성시교회를 위해 엄청난 축복의 예언을 해 주셨다. 우리 교회가 품은 2만 성도의 꿈보다 10배나 많은 20만 성도를 품을 것을 선포하신 것이다. 성시화운동 때문에 만날 때마다 내 손을 꼭 잡아주시던 김 목사님이 낙상으로 인한 휴우증과 갑자기 찾아온 병고로 인해 사경을 헤매고 계셨다. 너무 많은 문상객 때문에 면회 절대사절이라고 수간호사가 양해를 구했지만 내 이름을 듣고 들어오라고 하셨다. 눈빛으로 인사하시는 목사님의 얼굴이 천사같다. 목사님의 손을 잡고 간절히 치유의 기도를 해 드렸다.

　한국뿐만 아니라, 세계적으로 쓰임받으신 위대한 영적 지도자 세 분을 하루 오전 중에 개인적으로 뵈었다는 것만으로도 오늘 하루는 아주 특별한 날이다. 그래서 나는 오늘 더욱 행복했다.

　주님, 이 세 분을 지켜 주시고 더욱 건강하게 하소서!　:(090927)

분당의 봄

우리는 날마다 부활절이다. 그리스도 안에 있는 자는 날마다 새로운 피조물이다.
우리를 날로 새롭게 하신다.
당신은 그리스도 안에서 영원히 새롭게 태어나는 존재이다.

어제 오늘 계속 비가 내린다. 보슬보슬 봄비이다. 새벽기도를 마친 후 오늘 대표 기도자 부부와 정자동의 오모리 찌개집에서 아침을 든든히 먹었다. 고난주간 조금 늘었던 새벽기도자가 다시 줄어들었다.

목사는 예배 출석에 가장 신경을 쓴다. 예배자가 많으면 천당이고, 예배자가 적으면 지옥이다. 언제 이 롤러코스터 목회를 졸업할 것인가. 기도하는 남성이 넘치는 날은 언제 올 것인가. 그래도 새벽을 깨우는 자가 있으니 감사하고, 그래서 하나님의 도움을 받도록 축복하는 것이다.

오늘의 말씀은 믿음의 본질이다. 믿는 자는 눈에 보이는 현상이 아니라 보이지 않는 실상을 추구한다. 믿음이 없는 자는 외모로 사람을 차별한다. 좋은 옷을 입고 금가락지를 낀 사람은 환영하고 남루하고 가난한 사람은 멀리한다. 그래서 야고보 기자는 사람을 외모로 보지 말고, 차별하지 말고, 있는 그대로 받아들이라고 한다. 물질적으로 가난한 자가 오히려 믿음에 부자인 사람일 수 있다는 것이다.

믿음의 본질은 보이지 않는 것, 바라는 것, 속사람에 있다. 최고의 법은 사랑의 법이다. 긍휼의 법이다. 긍휼은 심판을 이기고 자랑한다. 잠깐 쉬고 나오는 길에 하나님의 자연적 긍휼을 보았다. 보슬비가 내리는 아파트 화단이 얼마나 아름다운지.

분당은 1기 신도시라 이미 20년 가까이 되었다. 아파트는 낡았지만 주변의 나무와 식물은 풍요롭다. 웬만한 나무는 3, 4층 높이로 키크게 자랐다. 지금 시작한 신도시와 달리 분당은 숲속의 아파트이다. 싱그러운 4월말의 공기는 모든 자연을 새롭게 단장한다. 지난주까지 남아있던 꽃잎들이 도로에 깔려 내 가는 길을 양탄자로 덮어 준다. 꽃 뒤에 나온 파란 잎새들이 너무 아름다웠다. 개나리도 지고 이제 철쭉과 진달래가 피기 시작한다. 길가의 가로수도 연한 순들이 기가 막히게 아름다운 연두색을 뽐내고 있다. 저 멀리 산과 언덕의 나무들도 겨울의 마른 가지를 새순으로 덮기 시작한다. 화단 한 쪽에 누군가가 튤립을 심어놓았는데 얼마나 예쁘고 귀엽고 화려한지 계속 쳐다보며 걷게 된다.

교회 가는 길 양 옆은 공원이다. 이마트 주차장 밑으로 교회까지 수천 평이 우리 교회 앞마당이다. 맞은편 가스공사 위로는 절반이 공원지대이다. 비를 맞아 까만 나무껍질과 가지마다 부활한 새 잎사귀의 연두색과 초록색이 기막힌 조화를 이룬다. 어쩌면 나무 한 그루, 잎사귀 하나가 서로 다르게 생겼는지. 모든 인간의 얼굴을 다르게 만드신 하나님은 모든 존재하는 피조물의 가장 작은 조각까지 똑같지 않게 창조하셨다. 그 다른 것들이 모여 한 폭의 또 다른 그림을 이룬다.

사람은 시간이 지날수록 늙어간다. 사람이 만든 물건, 예를 들어 분당의 아파트는 하나같이 낡은 모습이다. 내부를 새로 단장한 집이라도 겉은 20년 전에 지은 건물이다. 최근 지은 아파트에 비하면 천당아래 분당의 아파트도 볼품이 없다. 사람이 지은 것은 갈수록 낡고 허물어지지만, 하나님이 만드신 자연은 시간이 갈수록 더욱 아름답고 새롭다. 우리의 도시에 나무와 풀이 하나도 없고 아파트만 있다면, 시간이 지나 더욱 낡아지는 건물만 있다면 얼마나 삭막할 것인가.

하나님은 영생이시다. 하나님은 영원히 새로우시다. 그 하나님을 믿는 우리도 하나님과 함께 있으니 늘 새롭다. 비록 겉사람은 후패하더라도 속사람은 날로 새롭다. 우리의 본질은 눈에 보이는 겉사람, 현상이 아니다. 보이지 않는 속사람, 실상이다. 믿음은 바라는 것의 실상이다.

우리는 날마다 부활절이다. 그리스도 안에 있는 자는 날마다 새로운 피조물이다. 자연의 미물도 새롭게 하시는 하나님께서 독생자 예수님을 주고 사신 우리야말로 더욱 날로 새롭게 하시지 않겠는가.

당신은 그리스도 안에서 영원히 새로운 존재이다. : (20110501)

성경공부의 기쁨

많은 사람들이 성경대학을 통해서 성경의 진수를 맛보기 시작했다. 특히 조장과 임원진들이
성경대학을 통해 만나고, 서로 섬기면서 성시교회와 하나님을 사랑하게 되었다.
임원들의 연합된 헌신은 앞으로 성경대학을 세계 최고의 평신도 바이블 칼리지로 만들게 될 것이다.

'80일간의 성경세계일주 공동체 평신도 성경대학' (공평성)이라는 긴 이름을 가진 성경학교 1학기가 지난 2011년 7월 5일 수료되었다. 2월 8일 첫 강의가 시작되었으니 달수로는 6개월간에 걸친 대장정이다. 178명이 등록해서 97명이 수료했고, 그 중에 33명은 한 번도 빠지지 않은 개근자이다.

사실 내가 성경학교를 처음으로 강의한 때는 1979년부터이다. 여의도순복음교회 교육연구소의 실장으로 있을 때 김영길, 이영훈 목사 등과 함께 평신도 성경학교를 시작했다. 한 달 이상 교회에서 합숙하며 교재를 만들었다. 3개월에 성경 66권을 통독하는 프로그램이었다.

한 마디로 히트를 넘어 홈런을 때렸다. 여의도순복음교회가 폭발적인 성장으로 이미 1970년대 말 세계 최대의 교회가 되었지만 성도들의 훈련 프로그램이 전무한 상황에서 이제 막 시작된 순복음교육연구소를 통하여 성도들에게 성경을 본격적으로 가르치는 교육과정의 1탄이었다.

1기 때부터 사람들이 모여들었다. 내 기억으로 1기 졸업생이 1천명에 이르렀다. 그해 제일 나이가 어린 강사였던 나는 주님의 은혜로 성도들에게 인기 짱이었다. 9월에 시작되어 11월에 1기 수료식이 있었고 12월에 내가 결혼을 하게 되었는데 결혼식장에 성경학교 학생들이 절반이상 참석하여 축하해 준 기억이 새롭다. 어느 나이 많고 고집 세고 돈 많은 집사님은 우리 신혼부부를 부산의 자기 별장에 초대해서 자기가 얼마나 성경공부를 통해 은혜를 받았는지 모른다고 특별대우를 해 주기도 하였다. 그 이후로 유학 가기 전인 1983년 말까지 유명한 성경강사로 교회를 섬겼다. 1979년 이후 여의도순복음교회에서 성경학교를 수료한 성도들이 20만 명이 넘는다고 한다.

그리고는 이제 다시 성시교회에서 성경을 본격적으로 가르치게 된 것이다. 이번의 성시 바이블 아카데미(이제부터 이 이름으로 부르도록 하자) 성경대학은 성경의 본문 중에서 가장 은혜롭고 암송할 만한 황금요절(골든버스) 중심으로 창세기부터 계시록까지 2년제 4학기로 운영된다. 시중에 나와 있는 성경공부나 통독 프로그램은 성경의 내용을 역사적으로 요약 정리하는 데는 탁월하지만 창세기부터 거의 매 장을 빠뜨리지 않고 중요한 구절을 암송구절로 정리하면서 공부하는 경우는 거의 없는 것 같다.

그런 점에서 우리 교회 성경대학은 경쟁력이 있다. 어느 성도는 강의 내용을 모두 정리하고 언급된 골든버스를 모두 옮겨 적어 창세기부터 욥기까지 한 권의 책을 만들었다. 그 책만 계속 읽으면서 묵상하면 성경의 핵심적인 말씀을 자기의 것으로 만들 수 있게 된 것이다.

많은 사람들이 이 성경대학을 통해서 성경의 진수를 맛보기 시작했다. 특히 조장과 임원진들이 성경대학을 통해 만나고, 서로 섬기면서 성시교회와 하나님을 사랑하게 되었다. 임원들의 연합된 헌신은 앞으로 성경대학을 세계 최고의 평신도 바이블 칼리지(Laymen Bible College)로 만들게 될 것이다.

9월 20일 개강하는 2학기부터는 더욱 잘 준비하고 가르쳐서 학생들을 갑절로 늘리고 예습과 복습을 철저히 하게 하여 성경말씀의 위대한 능력을 경험하게 될 것이다. 2학기에는 11월 21일부터 10일간 성지순례를 통하여 교회에서 배운 성경을 역사의 현장에서 확인하는 시간도 기다리고 있다.

매년 이스라엘(구약), 소아시아(신약), 유럽(개신교)을 돌아보는 성지순례를 가을학기에 현장학습으로 갈 예정이다. 아무쪼록 성시의 가족들이 성경에 정통하고 성경을 사랑하고 성경을 실천하는 '바이블 세인트'(Bible Saints, 성경적 성도)가 되는 은혜가 있기를 기원한다.

수료자에게 주님의 은총이 함께 하시기를 기원하며 이 모든 영광 주님께 돌립니다.   : (20110710)

기적의 씨앗

기적은 작은 씨앗에서 시작된다.
전혀 기대하지 않은 기적조차 그 원인이 반드시 있기 마련이다.
그 기적의 씨앗, 기적의 원인은 우리 주위에 도처에 깔려있다.
단지 우리가 그것을 보지 못하고, 심지 않을 뿐이다.

아내는 어떤 사람에게 어떤 좋은 일이 일어난 것을 들으면 속으로 기도하는 습관이 있다.

"하나님, 나에게도 이런 좋은 일이 일어나게 하옵소서."

참으로 좋은 습관, 좋은 태도이다. 나에게도 그런 기도를 드리는 일이 생겼다.

목사들이 모이는 큰숲 네트워크 중앙셀 모임이 지난주 양평의 기도원 부지에서 있었다. 수지에서 목회를 잘하고 있는 L 목사의 스토리는 다음과 같다.

30년 전에 미국으로 이민 간 부부가 있었다. 그 때 양평 양수리에 6천 평의 땅을 사 두었다. 30년 만에 은퇴를 하고 고국에 와서 살기로 하고 부부가 귀국했다.

그러나 1년 만에 남편이 암으로 세상을 떠났다. 부인은 허망했다. 그래서 자기가 사 둔 땅을 기도원이나 수양관 부지로 교회에 헌납하기로 마음먹었다. 수지의 여러 교회를 찾다가 어느 주일 L 목사의 교회에 들어왔다. 새 가족 사역자가 이 부인을 정성껏 맞이했다. 좋은 인상을 받은 그 부인은 목사의 설교에도 은혜를 받았다.

교회에서는 이 부인에게 적합한 구역을 소개해 주었다. 구역 리더와 식구들은 이 부인에게 지극정성으로 사랑과 관심으로 섬겼다. 이에 감동을 받은 부인은 교회에 정식으로 등록하고 자기가 소유하고 있던 양수리의 땅을 기증하기로 마음먹었다. 구역 식구들이 너무 좋아 남편을 잃은 슬픔도 극복되었고, 그 식구들과 남은 평생 함께 살고 싶은 마음이 들었던 것이다.

기도원 부지는 이미 여러 채의 건물들이 지어져 있었다. 조금만 손을 보면 당장 작은 수양관으로도 쓸 수 있고, 얼마든지 예배당과 숙소를 지을 수 있는 땅이다. 6천 평의 시가가 100억을 호가한다고 한다. 당장 매수의사를 가진 사람도 나타났다. 기증자는 수양관으로 써도 좋고, 매각하여 교회건축 비용으로 사용해도 무방하다는 의사를 표시했다.

교회로서는 엄청난 기적이 일어난 것이다. 새로 교회를 건축하기 위해 대출을 받아야 할 상황이었기 때문이다. 교회에서는 매각하지 않고 수양관으로 사용하기로 했다고 한다. 진입로도 확실하고, 근처에는 호수도 있는 아주 좋은 땅이다. 하나님의 은혜가 크게 임한 것이다. 그리고 그 은혜를 받을 만한 작지만 확실한 그릇이 있었던 것이다.

한 사람을 잘 섬기고 사랑했더니 어마어마한 기적이 일어난 것이다. 나에게도, 우리 교회에도 그런 기적이 일어나기를 기도한다. 부러워하거나, 시기하거나, 배 아파할 필요가 없다. "주님, 나에게도, 우리 교회에도 그런 일이 일어나게 하옵소서"라고 기도하자. 그리고 우리 교회를 찾아오는 모든 사람이 기적의 씨앗이라고 여기고 최선을 다하여 환영하고, 사랑하고, 섬기자.

우리의 욕심이 아니라면, 하나님은 우리의 필요를 기적으로 채워주실 것이다. 기적은 작은 씨앗에서 시작된다. 전혀 기대하지 않은 기적조차 그 원인이 반드시 있기 마련이다. 그 기적의 씨앗, 기적의 원인은 우리 주위에 도처에 깔려있다. 단지 우리가 그것을 보지 못하고, 심지 않을 뿐이다.   : (20110626)

한 사람

두세 사람이 함께 주님의 이름으로 기도하면 주님께서 함께 하신다.
기도와 전도는 교회의 생명이요 하나님의 최우선의 뜻이다.
이 일에 목숨거는 한 사람, 그 한 사람이 나오기를 기도한다.
당신이 그 한 사람이 아니겠는가!

어느 성도의 사업장 신년축복 예배를 드리고 식사하는 시간이었다. 그 집사의 아버지도 함께 참석하셨다. 그분은 여의도 모 직할성전에서 봉사하는 장로이다. 집이 김포인데 섬기는 교회까지 왕복 120Km라고 한다. 그럼에도 지금까지 20년을 한결같이 가장 열악한 지성전 시절부터 교회학교를 중심으로 봉사하고 있다.

새벽에 교회를 나와서 밤중 늦게까지 봉사하는 것은 여의도순복음교회 봉사자들에게는 일상이 되고 있지만 그 먼 거리를 그렇게 오랫동안 교회를 떠나지 않고 섬기는 모습에 감동을 받았다. 여의도 본교회로 가고 싶었지만 그때마다 사람들을 통하여 하나님께서 떠나지 못하게 하셨다고 한다.

그 장로님으로부터 그의 감동에 못지않은 감동의 이야기를 들었다. 그 직할성전에 M장로라는 분이 계시다고 한다. 그분은 한때 깡패처럼 과격한 삶을 살았다고 한다. 그런데 옆집의 할머니 한 분이 매일 찾아와서 교회에 가자고 전도하셨다. 올 때마다 욕을 하고 복음을 거절했는데 얼마나 그 할머니가 집요하게 교회에 가자고 했는지 자기도 모르는 사이에 "내가 교회를 가려면 당신교회에 가지 않고 우리나라에서 제일 큰 교회를 갈 것이오."라고 소리쳤다.

할머니는 어느 교회도 좋으니 교회만 가라고 했고, 그 후에 그분은 여의도교회를 나가게 되었고 은혜를 받고 집사를 거쳐 장로가 되었다. M장로는 험악한 시절을 보상이나 받으려는 듯 모든 봉사를 열정적으로 감당했다. 기도하고 헌신하고 사업을 한 결과 물질의 축복도 많이 받았다. 그런데 그 지성전에 가까이 있는 교회를 여의도에서 인수한 후 대다수 성도들을 큰 교회로 옮기도록 했다. 천여 명의 성도가 빠져나가고 이삼백 명밖에 남지 않았다.

그러자 모든 성도들이 전도에 올인하기 시작했다. 오전에 예배드린 성도들은 오후에 전도를 나간다. 오전에 전도를 한 사람은 오후에 예배를 드린다. 추운 날씨에도 따뜻한 음료와 부침개를 만들어 만나는 사람들에게 사랑을 전하고 복음을 전하고 있다.

그 와중에 M장로가 작년부터 기도모임을 시작했다. 4부 예배가 끝난 오후 3시부터 두 시간 이상 문제해결과 교회부흥을 위한 기도를 몇 사람과 함께 시작했다. 담임목사는 말렸다고 한다. 하루 종일 예배드렸는데 또 오후에 두세 시간 기도하는 것은 무리라고 했다.

그러나 자칭 무식한 M장로는 무식하게 기도회를 밀어붙였다. 장로회에서 3명, 남선교회에서 3명, 여선교회에서 3명을 차출하여 앞에 나와 기도를 인도하게 했다. 찬송하고 제목기도하고, 찬송하고 통성기도하는 식으로 기도회를 인도하더니 이제 백 명 가량이 뜨겁게 기도한다고 한다. 교회를 위한 기도제목과 기도참석자들의 개인기도 제목을 프린트하여 5분 찬송, 10분 기도 형식으로 부르짖어 기도한다. 놀랍게도 반신반의하고, 억지로 참석하던 사람들도 기도의 열기에 은혜를 받고 문제해결과 기적을 체험하면서 기도모임은 점점 커지게 되었다는 것이다.

그 이야기를 들으면서 마음에 스파크가 일어났다. 우리 교회에도 그 한 사람이 일어날 것 같은, 아니 일어나야 한다는 감동이 밀려온다. 성경에 두세 사람이 함께 주님의 이름으로 기도하면 주님께서 함께 하신다고 했다. 또 한 사람이 천을, 두 사람이 만을 이긴다고 했다.

소돔과 고모라는 의인 10명이 없어서 멸절당했다. 많은 사람이 아니라 한 사람, 두 사람이다. M장로 같은 한 사람이 있다면 우리 교회에서도 그런 기도모임이 얼마든지 가능할 것이다.

기도와 전도는 교회의 생명이요 하나님의 최우선의 뜻이다. 이 일에 목숨거는 한 사람, 그 한 사람이 나오기를 기도한다. 그래서 올해 우리 교회가 차고 넘치기를 소원한다. 당신이 그 한 사람이 아니겠는가!

:(20110123)

제3부

예수님을
닮아가는 삶

까치와 '감사행'

"공중의 새를 보라, 하늘의 아버지가 먹이시고 돌보신다.
미물도 하나님께서 책임지시는데 하나님의 자녀인 너희일까 보냐."

겨울이 성큼 다가왔다. 아침에 일어나기가 점점 어려워진다. 침대 이불 속에서 몸이 천근만근이다. 그러나 '감사행' 하면서 일어났다.

어제의 피로가 있기에 잠을 잘 수 있었으니 감사하고, 단잠을 잔 후 다시 일어날 수 있으니 감사하다. 따뜻한 방과 침대가 있으니 얼마나 감사한가. 적지 않은 사람들이 냉방에서 떨며 잠을 설치고, 좋은 침대에서도 잠이 오지 않아 불면증에 시달리는 사람도 있을 것이다. 길거리에서 노숙하는 사람은 얼마나 더 힘들고 괴로울까. 다른 사람의 불행을 생각하며 나의 행복을 노래하는 것이 양심에 자유롭지는 않지만 범사에 감사하는 훈련으로는 실제적이고 효과적이리라.

잠시 기도하고 찬바람이 싫었지만 운동복을 갈아입고 단지 내 헬스장에 갔다. 골다공증 초기 직전이라 반드시 운동하라는 의사의 처방 때문에 다시 시작한 아침 운동을 오늘도 빠뜨리지 말아야 한다. 30분 빨리 걷고 땀이 나올 때쯤 11분을 뛰었다. 매 주일 1분씩 늘려서 달리기를 하기로 했는데 이번 주는 11분 주간이다. 다음 주에는 12분을 뛰어야 한다. 그래서 20분까지 달리기를 하기로 자신과 약속했다.

달리기가 끝난 다음 다시 15분 마무리 걷기를 끝낸 후 철봉 잡아 다니기를 5분쯤 하고 마쳤다. 왼쪽 어깨 오십견 통증이 많이 가라앉았다. 1년이나 지속되는 오십견이지만 언젠가는 치료될 것이다.

인생에 어떤 문제와 시련도 결국 지나갈 것이다. 죽음조차도 우리에게는 지나가는 과정에 불과하다. 그 후에 영생과 영원한 행복이 기다리고 있기 때문이다.

운동 후 샤워를 하고 거실 창문을 내려다보고 '아!' 하는 탄성을 질렀다. 우리 아파트는 2층이라 전망은 없고 단지 뒤 정원만 보인다. 그래도 사시사철 달라지는 모습이 한 폭의 그림과 같다. 같은 철에도 주간 따라 날짜 따라 그 그림이 다 달라진다. 하루 중에도 시간과 햇볕의 이동에 따라 풍경은 각각 다른 옷을 입는다.

오늘의 그림은 잎사귀가 다 떨어진 감나무에 까치 두 마리가 앉아 있다. 까치는 몇 개 남지 않은 감을 부리로 콕콕 쪼고 있다. 까맣고 하얀 까치가 빠알간 감을 쪼고 있는 모습이 잿빛 아침 정원에 너무나도 선명하게 부각되었다.

사람들이 욕심내지 않은 감을 까치가 행복하게 쪼아 먹고 있는 모습이 아주 평화스러웠다.

주님의 말씀이 생각난다.

"공중의 새를 보라, 하늘의 아버지가 먹이시고 돌보신다. 미물도 하나님께서 책임지시는데 하나님의 자녀인 너희일까 보냐."

그렇구나. 하나님의 자녀는 하나님이 책임지시는구나. 까치도 걱정을 하지 않는데 왜 만물의 영장이요, 하나님의 자녀인 내가 걱정을 하는가. 내가 걱정하고 염려하는 것은 하나님께 대한 모욕이구나.

지금 잠을 자고 있는 지민이를 내가 목숨 걸고 책임지듯 하나님께서 죽으시기까지 나를 사랑하시는구나. 무능한 우리는 자녀를 책임지고 싶어도 때로는 제대로 돌보지 못하지만, 전지전능하신 하나님은 얼마든지 우리를 돌보시고 회복시키시는구나. 오늘 아침의 길조인 까치 부부가 우리 부부에게 하나님의 사랑의 메시지를 전해주었구나. 절대 걱정하고, 염려하지 말고, 일과 사람, 목회 때문에 스트레스 받지 말라고…

하나님 감사합니다.
사랑해 주시니 감사하고,
나를 책임져 주시니 감사합니다.
오늘도 예배를 인도하고 설교하고
성도들 축복하는 하루가 되게 하심을 감사합니다.
오늘 아침 까치를 보내 주신 것을 감사합니다.
나는 까치보다 훨씬 더 가치가 있습니다.
까치보다 훨씬 더 하나님을 사랑합니다.
까치보다 훨씬 더 행복합니다.

감사합니다!
사랑합니다!
행복합니다!

부활절과 S집사의 선행

최선을 다해 선을 행하는 것,
그리고 선을 행하되 낙심하지 않는 것이 예수부활을 내 부활로 만드는 길이다.
부활절을 맞이하는 길은 내 삶이 변화되어 다른 사람을 살리는 것이다.

고난주간 특별새벽기도의 첫날이었다. 새벽기도를 마친 S집사님이 7층 카페의 주방에서 무엇인가 열심히 치우고 있는 것이 보였다. 주방 바닥의 하수통 뚜껑을 열고 청소를 하고 있는 것이다.

얼마 전 주일식사로 설렁탕을 만들었는데 그 기름찌꺼기를 치우지 않으면 하수가 제대로 내려가지 않기 때문에 특별히 작정하고 치운다는 것이다. 아무도 없는 식당 주방에서 웃통을 벗어던진 채 땀을 흘리고 있는 모습이 감사하기도 하고 안쓰럽기도 했다. 간절히 안수하며 축복기도를 해 드렸다.

S집사는 어린아이 같아 기도를 받을 때 눈물을 자주 흘리곤 한다. 왕년에는 한 가닥 하던 인물(?)이었지만 예수를 믿고 난 후에는 어린이처럼 착한 심성이 되었다고 한다. 성시교회 창립 때부터 지금까지 변함없이 충성하고 있는 모습을 볼 때마다 감동이 된다. 교회와 주의 종에 대한 정성이 특심하다. 사업이 풀리지 않아서 좀 더 헌신하고 싶어도 못 하는 것이 늘 마음에 걸리면서도 자신이 할 수 있는 한 최선을 다하는

모습을 여러 번 확인한 바 있다.

교회까지 한 시간이나 먼 곳에 살지만 한 주도 빠짐없이 예배에 출석하고 항상 감격과 감동으로 주님을 찬양하고 있다. 그 아내인 K집사도 지금까지 한 주도 빠짐없이 강단의 꽃꽂이를 자비량으로 헌신하고 있다. 두 내외가 변함없이 충성하는 모습에 많은 사람이 감동을 받고 있다. 물질적으로 주님께 많이 드리지 못하는 것을 늘 아쉬워하면서 몸과 시간으로나마 주님을 섬기기 원하는 부부이다.

오전에 일을 보고 다시 오후에 교회를 찾았더니 그 때까지 S집사는 홀로 식당에서 분주하게 움직이고 있다. 너무 더럽다고 그 많은 식탁을 세제로 닦고 있다. 그동안 주일뿐만 아니라 알파 때문에 식당을 많이 이용하다보니 하얗고 예쁜 식탁이 많이 더러워졌다. 혼자서 식당을 청소하는 모습에 감사하다는 말 외에 달리 할 말이 없었다.

그렇다. 주님의 나라는 이같이 아무도 보지 않는 곳에서 주님의 필요를 채우는 소수의 헌신에 의해 이루어지는 것이다. 대다수의 사람은 먹고 즐길 뿐 치우는 것에는 관심이 없다. 심지어 쓰레기만 만들어낼 뿐이다. 먹다 남은 음식이나 일회용 컵 등을 아무 곳에나 내던지고 가는 모습을 볼 때마다 실망했던 마음이 S집사 같은 사람 때문에 위로를 받게 된다.

청소뿐만 아니라 수많은 각색의 보이지 않는 헌신과 헌금과 섬김으로 인해 교회가 세워지고 부흥하고 하나님의 나라가 이루어지는 것이다. 말이 아닌 행동, 비판이 아닌 솔선수범이 우리의 꿈을 이루는 것이다. 창립 초기에 건축헌금을 20억 내겠다고 큰소리치던 분이 있었다.

그런데 어느 날 아무 이유도 없이 사라지고 말았다.

오늘 부활절이다. 그리고 성시교회를 위한 최초의 건축헌금 작정일이다. 건축헌금은 돈이 아니라 사람이다. 예수로 말미암아 진실로 변화된 사람, 먼저 그의 나라와 그의 의를 구하는 가치가 분명한 사람, 말이 아니라 진실과 행함으로 사랑하는 사람이 많으면 그것이 바로 성전건축이다.

최선을 다해 선을 행하는 것, 그리고 선을 행하되 낙심하지 않는 것이 예수부활을 내 부활로 만드는 길이다. 부활절을 맞이하는 길은 단지 예배와 절기를 지키는 것이 아니다. 내 삶이 변화되어 다른 사람을 살리는 것이다. 그래서 부활의 주인공인 예수님이 영광을 받으시는 것이다.

부활의 능력으로 변화된 삶을 보여주는 성시교인이 되기를 주님의 이름으로 축원한다.   :(070408)

행복을 찾아서

절망적인 상황에서 기도할 수 있고, 교회에 나가 예배할 수 있고,
최대의 원수인 죽음조차도 천국에 입성하는 기회가 되는
우리 그리스도인이야말로 이미 행복을 찾은 자이리라.

첫딸 지은이의 결혼식을 마치고 약간은 허한 마음을 달래기 위해 신혼여행 떠난 지은이를 제외한 남은 가족과 오랜만에 본 영화의 제목이 바로 '행복을 찾아서'(The Pursuit of Happyness)이다.

좋은 영화를 보는 것처럼 기분 좋은 일은 없을 것이다. 오랜만에 감동과 재미, 의미와 행복을 가지게 한 영화이다. 인기 흑인배우 윌 스미스와 그의 친아들 제이든이 주연한 이 영화는 실제인물 크리스 가드너의 인생역정이요 성공 스토리이다.

불황의 그림자에 허덕이던 1980년대 미국 샌프란시스코를 배경으로 노숙자로 전락했지만 자신의 극기적 노력으로 월 스트리트를 놀라게 한 백만장자로 거듭난 크리스 가드너의 성공실화를 그 아들에 대한 따뜻한 사랑과 함께 그린 이 영화는 미국에서 개봉하자마자 연속 박스 오피스 1위의 인기를 누리고 있다.

주인공 크리스는 가난하고 불우한 어린 시절을 보냈다. 고등학교를 우수한 성적으로 졸업했지만 학비가 없어 대학진학은 꿈도 꾸지 못했

다. 의료기 세일즈맨으로 일했지만 한물간 제품은 좀처럼 팔리지 않았
고 아내와의 신혼생활도 가난 때문에 파경을 맞는다.

아들을 맡은 크리스는 수입이 없어 주차비를 못내 구치소 신세를 져
야 했고, 집과 모텔에서 쫓겨난다. 아들을 재울 노숙자 쉼터를 헤매고
심지어 지하철 화장실에서 신문지를 깔며 눈물을 흘리면서 밤을 지새
우기도 한다. 쉼터에서 제공하는 수프로 끼니를 때우고 공중화장실 세
면대에서 아들을 목욕시켜야 했던 절박한 상황에서도 동료들에게는 절
대로 그 사실을 알리지 않고 밤을 새우며 독학하던 크리스는 마침내 그
의 성실함을 알아본 고객에게 스카웃되어 주식중개인이 되었고 마침내
자신의 이름을 내세운 투자회사를 설립하여 백만장자가 된다.

실제 인물인 크리스 가드너는 현재 수천억원의 재산을 가진 부자가
되어 수많은 자선단체에 고액헌금을 내면서 자신처럼 어려움에 처한
사람을 돕고 있다. 이 영화의 마지막 장면에는 실제 주인공 크리스 가
드너의 모습이 나오기도 한다.

이 영화를 보면서 많은 은혜를 받았다.

첫째, 절대긍정의 삶의 자세이다. 주인공은 가난을 저주하거나 불평
하지 않고 오히려 남다른 성실과 의지적인 노력으로 정복했다. "남이
성공했다면 나도 할 수 있다"는 희망으로 모든 어려움을 물리쳤다. 크
리스는 아들에게 어떠한 어려움 앞에서도 꿈을 지키고 결코 "너는 할
수 없다"는 말을 듣지 말아야 한다고 가르쳤다. 그 같은 긍정적 태도는
결국 밑바닥의 노숙자를 정상의 성공자로 만들었다.

둘째, 책임감과 사랑이다. 절망의 끝에서도 아들을 포기하지 않고 돌보는 아버지의 책임감, 그리고 잠잘 곳도 마련하지 못한 아버지를 향하여 "아빠를 믿어요. 아빠는 정말 좋은 아빠에요"라고 아빠의 턱을 어루만지며 아빠를 위로하는 어린 아들의 격려는 보는 이로 하여금 짠한 마음을 느끼게 한다. 가난은 가족을 흩어지게 하지만 오히려 그것을 극복해 나가는 과정을 통하여 가족의 연대감을 결속시켜 줄 수도 있다.

셋째, 인생의 본질은 감사와 행복이라는 것이다. 이 영화를 보면서 우리가 얼마나 감사할 것이 많은 존재인지 뼈저리게 깨닫게 된다. 잠잘 곳만 있어도 행복하고, 일할 곳만 있어도 무한 감사할 수 있다.

비록 가난을 뛰어넘지 못했다고 하더라도 가난과 싸우며 평범하게 살아가는 사람들에게도 감사와 행복은 얼마든지 가능하다는 메시지를 이 영화는 전해준다.

더구나 절망적인 상황에서 기도할 수 있고, 교회에 나가 예배할 수 있고, 최대의 원수인 죽음조차도 천국에 입성하는 기회가 되는 우리 그리스도인이야말로 이미 행복을 찾은 자이리라.

나는 행복하다! :(070311)

아름다운 사람들

짧은 몇 날이었지만 만난 모든 사람들이 다 아름다운 얼굴이었다.
모두 하나님의 형상과 모양이었다.
그들 모두의 얼굴에서 주님을 볼 수 있었다.

2007년 1월 8일 월요일부터 12일 금요일까지 태국 선교여행을 다녀왔다. 라이즈업 운동본부에서 주관하는 'Rise Up Thailand' 집회를 중계하는 길에 CTS 〈열방을 향하여〉 특집을 태국 선교현장에서 직접 제작하기 위해 동행한 것이다. 선교전문 프로그램 〈열방을 향하여〉 MC를 맡은 지 9개월 만에 처음으로 라이즈업 본부에서 항공료를 지원하여 CTS 스탭진 중 7명이 현지로케를 하러 떠나게 된 것이다.

카메라 감독 2인, 연출진 2인, 작가 1인, MC 2인의 팀이 강행군을 하여 2주치 태국선교 특집을 무난히 찍을 수 있었다. 첫날 홍콩을 경유하여 방콕에 도착하니 전날 미리 도착한 촬영 팀이 기다리고 있었다. 나는 교회 주일사역 때문에 라이즈업 대표인 이동현 목사 일행과 함께 하루 늦게 떠난 것이다.

이동현 목사는 10년 가까이 청소년 복음화를 위해 귀하게 쓰임 받는 40세의 젊은 사역자이다. 이번에 한류 열풍을 이용하여 태국의 젊은이들을 1만 명 이상 집회에 초청하여 복음을 전하는 프로젝트를 시도하게 되었다. 2억 가까이 들어가는 예산 때문에 힘들었는데 다행히 개인 사업가 몇 사람이 지원을 하여 태국 선교역사상 가장 획기적인 전도 집회를 태국 제 2의 도시인 치앙마이의 〈700년 스타디움〉에서 이틀간 열게 된 것이다.

태국은 전형적인 불교국가이다. 전 국민의 90% 이상이 불교도이다. 기독교 신자는 전체 인구의 0.5% 미만이라고 한다. 이 복음의 불모지에 한국 선교사가 선교를 시작한 지 50년이 넘었고 지금 거의 1천명에 가까운 선교사와 가족들이 선교에 올인 하는데도 여전히 전도가 어렵다.

경기장에 있는 유스 호스텔에서 하루 묵고 다음날부터 촬영에 들어갔다. 경기장 앞에서 이동현 선교사와 대담프로를 촬영하고 김강산 선교사와 함께 봉고차로 5시간을 달려 국경도시 치앙마이 근교에 있는 태국교회에 도착했을 때는 저녁 시간이 훨씬 지난 때였다.

여러 시간 걸려 대여섯 교회에서 성도들이 몰려왔다. 시설이나 환경이 매우 열악했지만 가난한 성도들의 태도는 순수하고 열정적이었다. 영어로 30분간 설교하고 격려하는 시간을 가졌다.

이튿날 그 유명한 '골든 트라이앵글' 지역을 찾아서 촬영했다. 메콩강 삼각지를 주변으로 태국과 미얀마와 라오스 국경이 만나는 곳이다. 라오스를 들어갔다 나와서 미얀마로 들어갔다.

픽업 트럭을 개조한, 20년이 넘었을 같은 택시를 타고 먼지 길을 한참 지나 '천상의 집' 이라는 고아원을 방문했다. 수십 명의 고아들이 하나님을 찬양하고 율동하는 모습이 천사들이었다. 꿈과 희망을 심어주는 격려의 메시지를 전했다. 유창하게 통역하는 미얀마의 내과의사는 평신도 사역자로서 한국 선교사와 함께 미얀마 선교를 위해 헌신하는 자였다.

다시 산족교회를 찾았다. 짐승처럼 맨발로 살면서 남루하기 짝이 없었지만 맨바닥의 교회에서 뜨겁게 찬양하는 모습에 또 다시 감동을 받는다. 특히 어린이들의 모습에서 하나님의 얼굴이 보였다. 저녁 늦게 치앙마이로 다시 내려왔다.

목요일 오전에는 한 호텔에서 태국 선교사들을 위한 교회성장 세미나를 인도했고, 오후에는 궁전 같은 태국 부장검사 저택을 빌려 박문수 선교사를 모시고 '선교 이사람'을 녹화했다. 산족선교만 17년째 감당하는 능력 있는 종이었다.

금요일 새벽, 다시 방콕과 홍콩을 거쳐 하루 종일 비행기 안에서 시달리며 귀국길에 올랐다. 짧은 몇 날이었지만 만난 모든 사람들이 다 아름다운 얼굴이었다. 모두 하나님의 형상과 모양이었다. 촬영 팀, 선교사들, 태국성도들, 산족들, 특히 어린이들 모두의 얼굴에서 주님을 볼 수 있었다.

그들 모두 아름다운 사람들이었다. :(070121)

하나님은 지금도 우리를 만들고 계신다

우리는 지금 완성된 작품이 아니다.
앞으로 완성되어지는 작품이다.
하나님은 그의 계획대로 우리를 계속 만들고 계신다.

지난 주 설교 예화 중의 하나를 다시 생각해 본다.

어느 호텔에 남루한 차림의 사람이 들어왔다. 프론트의 직원에게 방을 구하자 그 직원이 "당신에게 줄 방이 없다"고 했다. 매니저가 지켜보다 직원에게 속삭였다. "그 사람이 어떤 사람인데 그렇게 대접을 하는가. 세계적인 지휘자가 아닌가."

직원이 당황해서 나가려는 그 사람에게 "착오였습니다. 당신을 위한 좋은 방이 있습니다"라고 붙잡았다. 그러나 그 지휘자는 "모든 사람은 다 위대한 사람입니다"라는 말을 남기고 호텔 문을 나섰다는 이야기이다.

그렇다. 모든 사람은 다 위대한 사람이다. 왜냐하면 하나님의 모양과 형상으로 지음받았기 때문이다. 하나님의 형상으로 지음받았다는 말은 하나님을 닮았다는 말이다. 하나님을 닮았기 때문에 인간은 만물의 영장이요 위대한 존재이다. 하나님을 닮았기 때문에 우리는 하나님의 생명인 영생을 얻을 수 있고, 하나님처럼 되고, 하나님처럼 살 수 있다.

우리가 하나님처럼 된다는 것이 말이 되는가? 사실 우리 자신을 보면 말도 안 되는 말이다. 그러나 하나님께서는 말이 된다고 말씀하신다.

에베소서 2장 10절에 보면 우리의 존재가 어떤 존재인가를 한마디로 확실하게 말하고 있다. "우리는 하나님이 만드신 바라" 표준 새 번역에는 "우리는 하나님의 작품이다"라고 기록되어 있다.

작품은 상품과 다르다. 상품은 갈수록 가치가 떨어지지만 작품은 갈수록 가치가 올라간다. 피카소의 그림 한 장이 처음에는 몇 만원도 안 되었지만 시간이 지나면 수백억 원에도 살 수 없게 된다. 사람들이 유명한 화가의 작품을 고가로 사들이는 이유는 시간이 지날수록 값이 올라가기 때문이다.

하나님은 우리 한 사람 한 사람이 바로 그와 같은 작품(workmanship)이라고 말씀하신다. 작품은 하루아침에 이루어지지 않는다. 우리는 지금 완성된 작품이 아니다. 앞으로 완성되어지는 작품(work in process)이다. 하나님은 그의 계획대로 우리를 계속 만들고 계신다. 그래서 "영접하는 자 곧 그 이름을 믿는 자에게는 하나님의 자녀(작품)가 된다"고 했다.

우리는 '되는 존재'(becoming one)이다. 그러므로 아직 완성되지 않은 자신의 모습을 보고 실망할 필요가 없다. 잠언서 4장 18절에 "의인의 길은 돋는 햇살 같아서 크게 빛나 한낮의 광명에 이른다"고 했다. 처음 새벽의 한줄기 빛으로 시작되는 일출은 나중에 온 세상을 비추는 거대한 해가 되는 것이다.

그러므로 우리는 이 하나님의 말씀을 의지하고 어떠한 경우에도 자신을 부정적으로 보지 말고 절대 긍정으로 바라보아야 한다. 내 생각이나 다른 사람의 관점으로 보지 말고 하나님의 눈으로 자신을 바라보아야 한다. 내 고유의 가치는 내가 만든 것이 아니다. 하나님이 만들어 주신 절대가치이다. 우리의 약점까지도 하나님의 섭리이다.

루브르 박물관전을 가 보았다. 작품 하나에 수백억 원씩 하는 르네상스 이후의 명작들마다 명암의 조화가 신비롭다. 명품은 전체가 다 밝은 색이 아니다. 어두운 부분이 반드시 있다. 어둡고 보잘것없는 배경이 있기에 인물과 그림의 주제가 더 극명하게 살아나는 것이다. 인생의 실패와 실수, 상처와 고난, 약점과 부족한 점까지 하나님께서는 합력하여 최고의 선을 이루신다.

우리는 "예수 안에서 선한 일을 위하여 지으심을 받은 자"이다. 나는 하나님의 명품이다. 나의 목적은 하나님의 선을 위해 존재한다. 내가 자격이 있어서가 아니다. 하나님이 만드셨기 때문에, 하나님이 사랑하시기 때문에 위대한 존재이다. 이 절대긍정의 힘으로 오늘도 최고의 삶을 살아가자.   :(070128)

명품인생, 명품신자

명품인생으로 세상에 우뚝 서라.
우리는 단지 명품인생을 넘어서 명품신자가 되어야 한다.
위대한 사람은 위대한 목적에 위대한 헌신을 하는 사람이다.

설날 연휴 마지막 날에 공병호의 〈10년법칙〉이라는 책을 읽었다. 작년에 사두었던 책이었는데 시간이 없어 앞의 몇 장 읽고 놔두었던 것을 다시 꺼내 읽고 독서일기에 정리해 두었다.

저자는 10년법칙으로 명품인생이 될 수 있다고 주장한다. '10년법칙' 이란 원래 스톡홀름 대학교의 앤더스 에릭슨 박사가 처음 주장한 법칙이다. 어떤 분야에서 최고 수준의 성과와 성취에 도달하려면 최소 10년 정도는 집중적인 사전 준비를 해야 한다는 법칙이다. 저자는 이 법칙을 활용해서 자신의 삶을 성공적으로 향상시켰다고 주장한다.

이 법칙은 새로운 주장이 아니다. 누구나 알고 있는 상식에 속한다. 내가 대학시절 어느 선배가 똑같은 말을 한 적이 있었다. "무슨 일이든지 10년 이상 집중하면 그 분야에서 성공할 수 있다." 그 말을 들은 나는 대학 졸업후 10년 이상 더 공부하며 미국유학을 마치고 박사학위를 받을 수 있었다. 학위를 마치고 난 지 다시 10년 이상 교회성장연구에 전념하면서 그 분야에서 인정을 받을 수 있었다. 또 다시 10년 가까이 세계최대의 교회에서 부교역자로 성공적인 역할을 감당할 수 있었다.

이제 또 다른 10년이 기다리고 있다. 뒤늦게나마 교회를 개척하여 목회에 전념하게 된 것이다. 성시교회를 개척한 지 2년이 되고 있다. 개척을 하면서 10년을 내다보았다. 앞으로 10년간 어떻게 하느냐가 내 인생 후반부의 황금시절을 결정할 것이다. 분명한 목적을 가지고 끊임없이 목표를 이루는 삶을 사는 자에게는 위기조차 위대한 기회가 될 수 있다. 처음 개척을 명령받았을 때 위기라고 생각할 수도 있었다. 그러나 나는 그것을 기회로 받아들였다. 개척한 지 1년 반이 지나는 지금 교회는 중형교회 이상으로 성장하고 있고 내 선택에 후회함이 없다. 앞으로 10년은 지금은 아무것도 아닌 위대한 교회로 성장하고 부흥할 것이다.

이 책을 읽으면서 나에게 적용할 수 있는 내용들이 페이지마다 넘치고 있음을 보게 된다. 성공하기 위해서는 '번쩍' 하는 각성이 있어야 한다. 남의 성공을 부러워하고 있기만 해서는 안 된다. 안정이나 현상유지만 추구해서도 안 된다. 내가 주역이 되겠다는 엄숙한 결단의 순간이 있어야 한다. 10년법칙을 이루기 위해서는 잘하겠다는 열정과 함께 끈기와 반복과 집요함이라는 노력이 있어야 한다. 집중적으로 자신을 갈고 닦는 연습과 준비라는 투자가 따라야 한다. 적당히 하는 것이 아니라 정교한 연습을 의도적으로 해야 한다. 자신만의 장점을 차별화하여 끊임없이 미래를 준비해야 한다.

가치사슬에서 더 높은 위치를 차지하려면 계속 변해야 한다. 어떤 일이든지 게임이나 놀이보다 더 즐겁게 해야 한다. 내 분야에서는 최고가 되리라는 위대함의 추구가 있을 때 물질과 명예도 자동적으로 따르게 된다. 절대긍정의 생각으로 끊임없이 학습하고 공부해야 한다.

인생은 생각보다 길다. 명품인생으로 세상에 우뚝 서라. 이 같은 내용들이 나에게 자극과 도전을 주고 있다. 우리는 단지 명품인생을 넘어서 명품신자가 되어야 한다. 위대한 사람은 위대한 목적에 위대한 헌신을 하는 사람이다.

하나님은 우리에게 위대한 목적을 주셨다. 사랑계명과 전도명령을 통해 5가지 위대한 목적, 즉 예배와 교제와 훈련과 사역과 선교의 목적을 주셨다. 이 목적에 위대한 헌신, 정교한 헌신을 하는 자가 명품신자이다.

나는 성시교회를 명품교회로 만들고자 하는 소망을 가지고 있다. 성시교회에 속한 신자들이 명품신자가 되기를 소원한다. 하루아침에 그 꿈이 이루어질 수 없다. 10년법칙을 따라 앞으로 10년간 더욱 최선을 다하리라.

성시교회 모든 신자는 명품신자가 될지어다!　:(070225)

성시교회를 만난 후 세 가지 소망

제자훈련을 통해 나의 소망들이 더 확고해짐을 하나님께 감사드린다.
제자훈련은 힘들었지만 지나면 늘 내게 새 힘을 주시는 생수와 같았다.
이것이 새로운 시작이고 또 하나의 도전임에 하나님께 감사드린다.

● 어느 제자훈련생의 간증

어라... 또 내일이 목요일이네.... 숙제는 어떻게 하나...지난 9개월 넘게 목요일은 왜 이리도 빨리 다가오는지...

작년 9월 매주 목요일을 제자 훈련에 드리기로 작정하면서 내 생활은 조금씩 달라지기 시작했다. 성시교회를 출석하기 시작한 지 이제 6개월 정도인데 내가 제자훈련을 할 자격이 되나 싶은 의문도 있었지만 지난날 교회 생활에서 내가 많이 적극적이지 못했던 이유가 교인들과의 만나는 시간이 부족하고 목사님의 목회방향에 대한 내 관심이나 이해가 부족했기 때문이라는 생각에 이번에는 성시교회가 정말 어떤 곳이고 내 신앙생활도 한 단계 상승시켜 보고자 제자훈련을 결심했다.

아파서도 안 되고.. 100% 출석을 강조하시는 첫 날의 말씀에서 비장한 각오를 다졌지만 내 마음 한 구석에서는 "에이, 그래도 한두 번은 해도 되겠지..." 하는 안일한 생각과 "아니다, 최선을 다해야지" 하는 결심도 있었던 것 같다.

20여명의 형제님들과 웃기도 하고 마음에 감동을 주는 귀한 고백들 속에서 내 자신에 대한 반성과 하나님께서 나를 사랑하시어 이러한 분들과 귀한 시간을 갖게 해 주시는구나 하는 생각에 감사도 드렸다. 다양한 직업과 신앙 배경들 속에서 너무나도 확고한 믿음과 본을 보여주시는 신앙의 선배님들의 모습 속에서 앞으로 내가 어떻게 하나님을 섬겨야 하는지 본을 보게 된 것도 크나큰 유익이었다.

일주일의 두 구절의 요절 암송과 예습.. 생활 숙제와 독서 그리고 QT... 어느 것 하나 쉽게 해 본 적이 없는 것 같다. 그리고 3시간이 넘도록 지나가는 시간들... 하지만 신기하게도 별로 이 긴 시간이 지루했던 적은 없었다. 솔직한 형제님들의 고백에 웃음이 피어나고 진지한 대화 속에서 많은 분들의 모습도 알게 되고, 그러다 보니 교회에서도 인사하게 되는 분들이 자연스럽게 많아지고. 생활 속에서 제자훈련의 영향력이 느껴지는 일들도 많이 생겼다. 병원에서도 목요일에 일이 있으면 나는 제외시켜 주신다. 일찍 들어오라고 항상 그러던 아내도 목요일에는 별로 뭐라고 안 그러고...

동네에서 만든 우리 부부 구역 예배는 지난 6월 1일부터 한 번도 빠지지 않고 드리고 있다. 일주일에 1번 주일만 하나님과 만나던 내가 이제는 일주일에 반 이상, 아니지 병원에서도 예배드리니 거의 매일을 주님과 만나고 있는 것이다. 부담스럽고 힘들었던 교회에서의 일들도 이제는 자연스러워지고 세상에서 즐기던 일들도 멀어지는 경험을 하게 된다.

하지만 이 정도에서 만족하고 싶지는 않다. 더 깊은 주님과의 교제를 나누고 싶고 가정과 일터에서도 더 발전되는 모습을 만들어가고 싶은 소망이 생긴다.

크게 세 가지 소망을 가지고 그것을 이루려고 항상 주님과 함께하는 삶을 살아야겠다. 제자훈련을 통해 이러한 소망들이 더 확고해짐을 하나님께 감사드린다.

첫째, 가정에 대한 소망으로 아이들이 하나님 안에서 성장하며 하나님께서 인정하시는 믿음의 가문이 되는 것이다.

둘째, 교회에 대한 소망으로 성시교회에서 충성스런 하나님의 자녀로 섬기며 감사행하는 3H 주십소 신자가 되는 것이다.

셋째, 일터와 직업에 대한 소망으로 하나님께서 내게 주신 직업으로 세계적인 선교병원을 만드는 사역이다. 이를 통해서 전 세계 선교사님들이 질병으로부터 자유롭고 복음이 전해지는데 도움을 줄 수 있는 작은 일들을 하고 싶다.

제자훈련은 힘들었지만 지나면 늘 내게 새 힘을 주시는 생수와 같았다. 어느덧 끝나가지만 이것이 새로운 시작이고 또 하나의 도전임에 하나님께 감사드린다. 지난 1년여를 함께 수고한 지체들과 늘 바쁜 일정에도 말씀과 도전을 주신 목사님께 감사드리고 앞으로 내 앞에 펼쳐질 새로운 하나님의 훈련을 기대해 본다.   :(080720)

나의 영원한 스승

"교회성장은 하나님의 뜻입니다"
(Church growth is the will of God)

몇 년 만에 위대한 스승을 만났다. 미국이 낳은 세계적인 선교학자 피터 와그너 박사님이시다.

나에게는 영원한 두 스승이 있다. 영적인 스승인 조용기 목사님과 학문적인 스승인 와그너 박사님이시다. 이 두 분을 위해 나는 날마다 짧지만 건강과 축복의 기도를 드리고 있다.

이제 78세인 와그너 박사는 아직도 정정하시다. 전 세계를 수없이 여행하는데도 변함이 없다. 약간 걷는 자세가 불편하고 당뇨가 있지만 22년 전 처음 만났을 때와 별로 다르지 않으시다. 흰 백발도 여전하고 그의 트레이드 마크인 염소수염도 여전하시다. 한국 음식을 얼마나 잘 드시는지 모른다. 젓가락질도 탁월하다.

와그너 교수를 처음 만난 것은 내가 1983년 말 미국 훌러신학대학원에 유학했을 때이다. 목회학석사를 마치던 1986년도쯤으로 기억한다. 신학대학원에서 선교대학원의 과목을 우연히 들은 것이 와그너 박사님의 '교회성장학 개론' 이었다. 아이들 말대로 첫 시간에 필(feel)이 꽂혔다. "교회성장은 하나님의 뜻입니다"(Church growth is the will of God)라는 말을 복창하게 한 후, 이 말에 동의하지 않은 사람은 나가도 좋다고 하셨다.

그 때부터 교회성장과 선교학에 매료되게 되었다. 결국 조직신학을 전공하려던 계획을 수정하고 와그너 박사 밑에서 선교학으로 박사학위를 받기로 작정했다. 그 때 와그너 교수는 두 가지를 요구했다. 첫째는 조용기 목사님의 개인 추천을 받아야 하고, 둘째는 박사과정 종합시험(입학시험)에서 우수를 받아야 한다는 것이었다. 전자는 그 다음날 받을 수 있었지만 후자는 1년이 넘게 걸렸다. 하나님의 은혜로 그 해 시험에 34명 중에 수석을 하는 기적이 일어났다. 와그너 박사님이 얼마나 기뻐했는지 모른다.

그 이후 1990년 박사학위를 받을 때까지 와그너 교수는 사랑과 정성으로 나를 키워주셨다. 백페이지가 넘는 페이퍼를 오자, 탈자까지 정정하면서 튜터리얼(개인지도)을 십여 차례 해 주셨고, 논문통과 시험에서도 당당히 합격시킬 정도로 훈련시키셨다. 어느 곳에서나, 특히 학위를 받은 이후 지금까지 강의를 하면서 내가 있을 때는 "Dr. Myung"(명박사)를 호칭하며 소개하기를 자랑스러워 하셨다. 유학시절 가끔 불고기와 잡채를 해 드리면 그렇게 좋아하셨다. 그리고 자신이 직접 재배한 밭작물을 한 아름씩 건네 주셨다.

학위수여식장에서 총장이 귀국하면 어떤 사역을 하겠느냐고 물었을 때 나는 서슴없이 "한국의 와그너 박사가 되기를 원한다"(I want to be a Wagner of Korea)라고 대답했고, 그 대답을 듣는 와그너 교수의 얼굴이 어린아이처럼 행복해 보였던 것이 아직도 생생하다. 그리스도와 복음과 교회를 위해 헌신해 왔던 주님의 종, 볼리비아 선교사 16년 동안 크게 실패했지만 뒤늦게 새로운 사명에 헌신함으로 전 세계 교회와 선교지에 엄청난 영향을 미친 위대한 스승 와그너 박사에게 경의를 표한다.

모든 사람에게 마음이 열리고, 세계적인 권위자이면서도 겸손하고 순수하기가 어린아이 같은 나의 스승이 건강 무병장수하기를 하나님께 기도드린다. 최근 그는 마귀에게 빼앗긴 통치권(Dominion)을 다시 회복하여 교회뿐만 아니라 세상과 일터를 변혁시키는 일에 온 정성을 쏟고 있다.

이번 만남에도 그의 강의를 통역하면서 다시 한 번 위대한 교사의 명강의에 감탄해 마지않는다. 내가 개척하여 섬기는 성시교회에 대해서 자랑스러워하면서, 특히 일터사도학교를 시작했다는 말에 매우 고무되어 크게 격려하셨다. 훌러신학교 교수직을 사임하고 주님의 음성에 순종하여 세운 '와그너 리더십학교'(WLI)는 현재 미국에만 20개의 분교, 해외에 12개의 분교로 성장했다고 한다.

일터사도를 많이 세우라는 그의 격려가 주님의 음성처럼 따뜻하다.

:(081026)

하나님의 영광은 가정의 행복에서부터

교회 이전에 가정을,
가정 이전에 나 자신을 제대로 관리하고 케어해야
그것이 결국 하나님의 영광을 드러내는 것이다.

지민이가 요즘 부쩍 자랐다. 엄마 키를 넘나들기 시작한다. 손발이 이제는 아이 것이 아니다. 팔뚝이 제법 든든하고 끌어안으면 묵직한 느낌이 든다. 아장거리던 아기 시절이 엊그제 같은데 벌써 소년이 되어 사춘기 징후도 보인다.

몸이 커진 모습에 마음 뿌듯하면서도 가끔 걱정스러울 때도 있다. 엄마에게 신경질 내는 모습이 점점 자주 보이기 때문이다. 자기 마음에 안 드는 잔소리를 들으면 옛날에는 즉시 순종하거나 최소한 아무 소리도 하지 않았다. 그러나 최근 들어 엄마가 뭐라고 하면 제법 대꾸가 잦다. 씩씩거리고 신경질을 내기도 한다. 그러면 엄마의 잔소리가 에스컬레이팅(고조)된다. 사실 아침마다 빨리 일어나라고, 가방 제대로 챙기라고, 밥 먹고 가라고, 이닦고 가라고 엄마의 성화가 단골 레퍼토리가 되고 있다.

그 모습 보는 내 마음도 별로다. 아내는 아들교육은 아빠가 시켜야 하는데 아빠가 아들을 지금까지 한 번도 때리지 않은 것을 자랑하기만

한다고 성화다. 징징거리는 지민이를 안고 타일러 보지만 만만하지가 않다. 약간 큰소리를 내며 알아듣게 얘기하니 그제야 마지못해 몸을 움직인다. 잠시 당황했다. 아무래도 안되겠다.

다음날 일부러 시간을 내어 아들에게 말했다. 아빠와 함께하고 싶은 것이 무엇이냐고. 농구를 같이 하자고 그런다. 농구라니? 중학교 때 한두 번 해보고 넘어져서 다시는 쳐다보지도 않던 종목이다.

그런데 지민이는 농구가 제일 재미있다고 한다. 지난 두세 달 동안 농구 레슨을 받았단다. 세상에 농구도 학원에 가서 레슨을 받아야 하는 세상이다. 학교에서 얼마든지 가르쳐줄 수 있는 것 아닌가! 하긴 우리 동네에서 줄넘기를 가르치는 학원도 있으니 무슨 말을 하리오.

아이파크 단지 내에 제법 괜찮은 농구장이 있다. 철책으로 공이 넘어가지 않도록 울타리가 되어 있고, 다치지 않도록 바닥은 우레탄으로 깔려있다. 지민이가 농구하는 법을 가르쳐 주었다. 드리블이 쉽지 않았다. 그래도 골대에 공을 집어넣는 것은 내가 아직 키가 더 커서 그런지 지민이보다 점수가 좋았다. 10분도 못 되어서 이리 뛰고 저리 뛰니 숨이 턱에 닿을 지경이다.

옆에 있던 중학생 둘이 다가와 함께 게임을 하자고 한다. 승부욕에 눈이 멀어 목숨을 걸고 뛰어다니니 심장이 터질 것 같다. 다리가 후들거린다. 엊그제 식중독 때문에 강제금식을 한 탓인지 하늘이 노래진다. 아이고, 안되겠네. 30분 정도 하고 나니 온 몸에 땀이 흐른다. 농구공을 몰고 뛰는 지민이가 믿음직스럽고 대견했다. 이게 얼마 만인가? 아들과 함께 공놀이 하던 시간이.

개척이 뭐길래, 목회가 어떻기에 좋은 아빠가 되겠다고 낳은 늦둥이와 함께 잠시나마 놀지도 못했던가. 특히 제자훈련반을 네 반이나 인도하면서 요즘에는 정말 내 시간이, 아니 가족과 함께 하는 시간이 너무나 부족하다.

아들과 처음 농구놀이를 하면서 깨닫는다. 이렇게 사는 것이 주님이 원하시는 것이 아닐 것이라고. 이제 속도 조절을 해야겠다. 최소한 지민이와 함께 하는 시간을 한 주에 한 시간만이라도 가져야 하겠다. 함께 예배를 드리고, 대화를 하고, 책을 읽고, 인생을 계획하고, 운동을 하고, 어디 좋은 곳을 데리고 나가야 하겠다.

내가 먼저 내 가족을 잘 돌보고, 자녀와 의미 있는 시간을 보내야 성도들도 그렇게 하지 않겠나. 알아서 잘 하겠지 하다가 어이없는 순간을 맞이하지 않으려면 사전에, 평소에 관심을 가지고 사랑을 베풀고 올바른 곳으로 인도하고 양육하는 시간을 가져야 하리라.

교회 이전에 가정을, 가정 이전에 나 자신을 제대로 관리하고 케어해야 그것이 결국 하나님의 영광을 드러내는 것임을 이론이 아니라 실제로, 말이 아닌 실천으로, 가르치는 것이 아니라 내 스스로가 모본을 보여야 하리라.

지민아, 아빠가 너를 사랑한다.   :(080622)

사랑하는 미량에게

사랑하는 여보, 참으로 오랜만에 미량이라고 불러봅니다. 연애시절 일필휘지로 편지지 첫줄에 "사랑하는 미량에게"라고 쓸 때 설레임과 행복감이 충만했었지요. 당신은 처음부터 사랑한다는 말이 너무 쉽게 나오는 것 같아 부담이 되었을 것이오.

그러나 그 때나 지금이나 당신이나 누가 무어라도 나는 미량 당신을 사랑합니다. 명동을 쏘다니고 광화문과 사직터널 부근을 손잡고 다니던 그 때, 녹번동 언덕 위 작은집에 당신을 들여놓고 다시 택시를 집어타고 통금 전에 신정동을 향하여 달리던 그 시절, 정말 엊그제 같은데 벌써 33년이 넘은 옛날이야기가 되었구려.

당신을 처음 보던 때가 1975년 말, 대학부 친구들과 어느 자매의 아버지가 돌아가셨다고 해서 함께 문상을 했는데 그 자매가 바로 나의 평생 반려자가 될 줄 그 때는 꿈에도 몰랐었지. 버스 뒷좌석에 울면서 장지를 향하던 당신의 모습, 성경공부 모임에서 이영훈 회장의 소개로 국민은행 다니는 김미량이라고 소개받을 때 노란 니트웨어를 당신은 입었었지. 장작불 모임에서 매주 만나던 처음 몇 달

동안도 사실 나는 당신의 존재를 제대로 알지 못했다오.

운명의 그 날은 아마도 1976년 부활절 직전이었지요. 부활절 칸타타를 준비하면서 대학부 회장과 총무로서 마음의 갈등이 있어 칸타타 막을 올리고 난 후 혼자 교회학교 사무실에서 허탈해 있었지. 그 때 당신이 직장에서 퇴근한 후 교회로 와서 혼자 앉아 있는 나에게 따뜻한 차를 가져왔었어. 그 때 당신이 어떤 말을 했는지는 기억하지 못하지만 내 우울한 마음을 다시 일으켜준 미소는 아직도 생생하다오.

그 때 내가 받은 사랑과 감동이 얼마나 진했던지 당신을 가까이하고 싶은 마음이 결국 어린이 대공원에서 함께 사진을 찍은 것을 시작으로 총무와 부회계, 회장과 회계의 공적 사역(?)이라는 핑계 하에 우리들만의 은밀한 사귐으로 열매를 맺었으니 이 모든 것이 하나님의 섭리가 아니겠소.

이제 우리가 만난 지 34년째, 서로 한 몸이 된 지도 29년째가 됩니다. 지은, 지혜 시집보내고 18년 만에 하나님이 주신 지민이도 12살이 되었다오. 그동안 항상 웃으면서 3남매 낳아 잘 키워준 당신의 헌신에 감사하오. 부족한 나를 위해 늘 신뢰하며 격려하며 함께 해준 것도 고맙고. 내가 지금 바라는 것은 당신이 건강하고 행복하며 지민이를 잘 키워주는 것, 그리고 늘 졸라대지만 밥 잘해주는 것 그 이상 없답니다.

아무리 내가 최선을 다한다고 생각하더라도 상대방이 그것을 최선으로 받아들이지 않는다면 상대방에게 맞추는 것이 진짜 최선일 것이오. 당신이나 나나 이제 남은 생애 서로에게 좀 더 맞추며 살아갑시다. 나도 내 주장, 내 고집 십자가에 못 박고 당신도 당신 생각, 당신 감정 주님께 반납하고 서로가 서로를 위하여 서로에게 맞추어가며 살아갑시다.

지난 날 돌아볼 때 아쉬운 점이 한두 가지가 아니지만 지금까지 무난히 건강하게 열심히 살아왔으니 무조건 감사하고 남은 삶은 더 감사할 일이 많은 우리 부부 되도록 합시다.

그런 의미에서 아무리 부부일지라도 자기의 비밀은 있어야 한다는 내 주장을 접고 당신에게 알려주리라. 내 메일 비번을. OOOXXX을 열고 당신의 영원한 친구의 세계 속으로 들어가시게. 2005년 이후 모든 메일이 다 저장되어 있으니.

내 평생 유일한 진짜 친구, 하나님이 주신 최고의 선물 아내 미량을 영원히 사랑합니다.

2008년 3월 8일, 아버지학교 숙제를 통하여 다시 고백하는 당신의 사랑, 성훈

:(080406)

모든 자녀들이 하나님의 명품가문으로!

그것이 하나님의 은혜가 아니고 무엇이겠는가!
자식을 위해 매일 기도하는 부모, 부모를 위해서
매일 중보하는 자녀가 있는 가정이 바로 천국의 모형이리라.

큰 딸 지은이가 결혼한 후 오랜만에 찾아왔다. 2007년 3월 3일 결혼식을 올리던 때가 어제 같은데 벌써 만 2년이 지났으니 참으로 세월이 유수와 같다는 옛말이 새삼스럽다.

지은이가 비자를 바꾸기 위해서 지난주에 들렀다가 어제 새벽 집을 떠났다. 시간이 안되어 공항까지 바래다주지 못하고 오리역에서 버스에 태웠는데 공항에서 전화가 왔다. 돈을 아끼기 위해서 직항대신 동경 경유 노선을 택했는데 나리타 공항에서 비행기 추락사고로 모든 스케줄이 올스톱되어 출발이 언제 될지 모른다는 것이다. 새벽 6시에 나갔는데 저녁 6시에 비로소 시카고를 경유하는 비행기에 오르게 되었다니 뉴욕에 도착하려면 만 하루가 훨씬 넘어야 할 것 같다.

일주일 있는 동안에 한두 번 식사를 같이할 정도로 서로가 바빴다. 엄마 아빠와 함께 에버랜드 근처의 한국 정원인 희원에 가서 식사와 차를 마시며 산책한 것이 잠시나마 유일하게 여유를 부린 시간이었다. 딸을 바래다주고 돌아오니 내 컴퓨터 키보드에 작은 카드가 꽂혀 있었다.

사랑하는 아빠.

지난 한 주가 얄밉도록 빨리 지나갔네요.

그동안 아빠랑 같이 보낼 수 있던 시간이 많지 않았지만

순간순간 딸에 대한 아빠의 마음을 보여주셔서 감사해요.

제가 제대로 표현하지 못했겠지만 지은이는 아빠가 최고로

자랑스럽고, 멋있고, 사랑스럽답니다.

다른 것보다 건강하시고요.

미래를 끊임없이 준비하시는 분이시지만 현재도 한껏 즐기세요.

자녀들도 부모가 사이좋게, 행복하게 사실 때

가장 맘 편하고 행복하고 든든하니까요.

이번에 그야말로 빈손으로 와서 왕창 받기만 하고 가는데요.

제가 해 드릴 수 있는 건 기도뿐이라서 중보 열심히 할게요.

하나님께서 제가 이뻐 보이시는지 기도를 잘 들어주시더라고요.

아빠, 무리하지 마시고, 스트레스 많이 받지 마시고,

하나뿐인 아내, 하나뿐인 아들과 Quality Time(의미있는 시간)

많이 보내시고 행복하세요.

부드러운 표현법이 익숙지 않아서 그렇지,

아빠만큼 정신이 건강한 목사님도 드물 거에요.

몸도 건강하시기를!! 행복하고, 건강하게, 매일 매일 승리하세요.

I Love you so much!!

-아빠를 끔찍이 사랑하는 큰 딸 올림-

짧은 글이지만 딸의 사랑과 정성이 묻어오는 것 같다. 엉금엉금 기어 다니며 우유병을 빨던 딸, 유학시절 열심히 테이프를 들으며 이야기에 몰두하며 아이들에게 말하기를 좋아했던 아이, 훌러 신학교 교정에서 아이들을 몰고 다니며 자전거를 타거나 술래잡기하던 어린 소녀가 이제 시집을 가서 지아비의 사랑스러운 아내노릇을 하는 모습이 대견스럽다.

남편을 너무 좋아하고 존경하고 행복해하는 것을 보는 것만으로도 감사하고 또 감사하다. 남편을 돕고 자신의 꿈을 이루기 위해 어려운 가운데서도 NYU에서 계속 공부를 하는 것도 감사한 일이다. Public Relations(홍보학)를 전공으로 삼는 석사과정에서도 미국 학생들에게 밀리지 않고 잘 감당하는 것도 고마울 뿐이다.

무엇보다 모든 일에 적극적으로 임하고, 기도하며, 다른 사람을 배려하고, 항상 밝고 맑고 명랑한 성격이 계속 개발되고 있는 것을 보고 하나님께 감사하고 나 자신을 돌아보게 한다.

이 세상을 살면서 가장 큰 축복과 은혜 중의 하나는 부모로서 자식이 큰 탈 없이 잘 자라 독립하여 예수 잘 믿고 행복하게 사는 것을 보는 것일 게다. 삼남매가 다 그렇지만 특히 큰 딸 지은이는 지금까지 부모의 속을 썩인 적이 한 번도 없었던 것 같다. 그것이 하나님의 은혜가 아니고 무엇이겠는가! 자식을 위해 매일 기도하는 부모, 부모를 위해서 매일 중보하는 자녀가 있는 가정이 바로 천국의 모형이리라.

자식에 대한 이야기는 가급적 안하는 것이 좋다. 그러나 나는 하나님께 영광을 돌리기 위해, 그리고 우리 모든 성도들의 가정이 하나님의 축복을 받도록 하기 위해 딸과의 만남을 정리해 본다.

우리 모든 자녀들이 하나님의 명품 가문을 이루게 하소서!

"잘했다, 나의 충성된 종아!"

아빠의 별세체험을 축하드리고 하나님께 영광을 돌립니다!

아빠가 쓰신 글을 읽으며 기쁨의 눈물이 충만했어요. 저도 요즘 매일매일 하나님께서 제 마음에 새로운 믿음과 기쁨으로 채워주시며 변화시키시고 계신 것을 느끼고 있어요.

모태신앙으로 26년간 목회자의 자녀로 교회에서 살았지만 미국에 시집와서야 진정으로 하나님을 만나고 예수님의 사랑을 체험하게 되었음을 고백합니다. 그전에는(이렇게 말하기 그렇지만) '하나님의 전'이라기보다는 '우리 아빠의 교회'라고 생각되고 그러므로 우리 교회에 오는 성도들을 다들 꼭 고객 같은 느낌으로 대하게 되었고 그러다보니 저는 아빠의 설교도 한 마디 한 마디를 모니터하고 너무 신경쓰다보니 제가 가장 본질적인 진리를 놓치고 살았던 거예요.

여기에 와서 여러가지로 처음에 힘들고 외롭고 그립고 하며 어쩔 수 없이 하나님께 매달리고 기도하고 하나님을 미친 듯이 부르짖고 찾기 시작했어요. 그리고 깨달은 것은 내가 하나님에 대해 전혀 모르고 있었고 나와 가장 가까우신 예수 그리스도가 아니라 멀찌감치 서서 바라보고만 있던 예수님이셨다는 것이었어요.

그래도 지금이라도 저를 사랑하셔서 이 마지막 때에 저를 준비시키시려고 제 comfort zone에서 꺼내사 하나님을 진정으로 만나게 하시고 예수님의 사랑을 체험하고 남은 삶을 정말 하나님을 위해 살고 싶다는 고백을 하게 하신 주님께 감사와 영광을 드립니다!

아빠의 고백을 읽으며 더 눈물이 났던 것은 제가 여기에 와서 신앙생활을 하며 느끼게 되었던 부분들을 마음속으로만 생각했던 성시교회를 위한 기도, 그 모든 것이 아빠의 별세체험이 되었던 것이었기 때문인가 봐요.

어제 주일예배를 드리러 갔을 때 Central China 고원지대 산간지역에서 5년째 선교를 하시는 선교사 부부가 방문하여 간증을 하셨는데 원래 시카고에서 정말 잘나가던 의사부부였는데 하나님께 순종하고 모든 것을 뒤로 한 채 선교를 하러 가서 그 어려움을 이야기하면서 마지막에 하셨던 말이 제 마음을 움직였어요.

처음에는 노력의 성과가 안 보이고 좌절과 절망 가운데 놓여 있었지만 나중에 예수님께서 마음가운데 위로를 해주시며 깨닫게 하신 것이 있었다고 했어요. 우리가 이 다음에 천국에 가서 예수님을 만날 때 우리를 환영하며 하시는 말씀이에요.

"잘했다, 나의 성공된 종아!"(Welcome, my successful servant)라고 하시지 않을 것이다. 그분은 우리에게 "잘했다, 나의 충성된 종아!"(Welcome, my faithful servant)라고 말하시며 끌어안으실 것이다. 그러므로 하나님은 우리가 순종하고 헌신하며 예수님 오실 그날까지 천국을 준비하기 원하시니 지금 삶에서 어려움이나 뜻대로 되지 않는 것이 있더라도 내 욕심의 채움이 아닌 하나님에 대한 순종이면 그것이 최고의 성공이라고.

아빠가 늘 하신 말씀이었죠~ 제게 굉장히 힘이 되었고 특히나 어린 나이에 사랑하는 부모님과 떨어져 결혼의 모든 어려움을 느끼고 있는 저에게 그저 예수님처럼 하나님께 Be faithful 하라는 단순한 한 마디였지만 제가 이젠 그렇게 할 수 있겠다 하는 자신감이 생겼어요.

아빠, 하나님이 우리 가정을 정말 사랑하시나 봐요 그쵸? 우리가 다 제각기 떨어져 살지만 동일하신 하나님 한 분이 주시는 믿음과 뜻을 이루고 창조주께서 우리를 지으신 목적대로 살아가는 축복, 그리고 그 목적을 깨달을 수 있다는 기쁨… 너무나 감사해요. 우리가 이렇게 서로 간증의 글을 보내며 격려하고 축복할 수 있어서 너무 감사하구요… 계속해서 저도 아빠에게 더 자주 은혜가 되는 말씀이나 체험을 보내 드리도록 할게요.

세상에서 제일 멋진 우리 아빠! 너무 보고 싶고 사랑해요!!

- 시애틀에서 은혜 받고 있는 작은 딸 지혜 올림 -

:(080615)

예수님의 금메달

최고의 금메달은 사람이 주는 메달이 아니다.
죽기까지 사랑하신 예수님의 사랑을 받아들이는 자는 하늘의 금메달을 받은 자이다.
하나님의 영광, 하나님의 목적을 위해서 자신의 모든 것을 포기하고 최선을 다한 자.

북경 올림픽에 온 국민의 눈과 귀가 쏠려 있다. 아무리 안 보려고 해도 할 수 없다. 텔레비전을 켜기만 하면 중계방송이 한창이기 때문이다. 각종 경기에 참여하는 선수뿐만 아니라 그들의 움직임을 시청하는 사람들도 한 마음, 한 뜻이 되고 있다.

올림픽이라는 스포츠 행사는 참으로 좋은 일이다. 인류가 만들어낸 업적 중의 하나가 올림픽 경기가 아닐까 생각한다. 사람을 죽이는 전쟁이 아니라 스포츠를 통해서 각 나라가 선의의 경쟁을 하면서 나라 자랑을 할 수 있고 개인도 생애 최고의 영광을 누릴 수 있는 올림픽은 과연 인류의 축제임에 틀림없다.

지금까지 간간이 시청한 종목마다 감동의 물결이다. 우리나라 사람이 참여한 경기들, 유도, 양궁, 탁구, 배드민턴, 역도, 야구, 핸드볼뿐만 아니라 다른 나라 사람들의 잔치판에도 한 인간으로서 감탄과 감동이 저절로 나온다.

이 글을 쓰기 전에 본 경기인 여자 철인 3종 경기에서도 선수들 한 사람 한 사람에 대한 연민의 정이 물씬했다. 수영 2.5Km, 사이클 40Km, 마라톤 10Km를 2시간 가까이 걸쳐 목숨을 걸고 헤엄치고, 달리고, 뛰는 수십 명의 여자들을 보면서 정말 대단하다고 생각했다. 여자가 아니라 헤라클레스의 딸들 같다. 금메달을 딴 호주 선수는 5년 동안 매일 7시간씩 연습했다고 한다. 매주 달리는 거리가 서울 부산 왕복이라고 한다. 사이클 경주 동안 사고가 났다. 몇몇 선수는 부상을 입고 경기를 포기해야 했다. 얼마나 속상하고 괴로울까?

수중발레를 보는 사람은 너무 아름답고 재미있다고 하지만 선수들은 매일 10시간씩 물속에서 5년이고 10년이고 연습을 한다고 한다. 그 어떤 경기도 마찬가지일 것이다. 메달의 꿈을 꾸며 피와 땀과 눈물의 훈련과 고행을 마다하지 않았을 것이다. 간발이 아닌 순간의 차이로 승패가 결정될 때 그 기쁨과 슬픔이 얼마나 엄청날까? 올림픽을 보면서 여러 가지 생각과 깨달음이 파도처럼 밀려온다.

올림픽은 인생과 인류의 축소판이다. 한 개인과 이 지구상의 모든 사람들의 자화상이다. 꿈을 가지고 그 꿈이 이루어질 것을 믿고 최선을 다하면 마침내 영광의 날이 반드시 있을 것이다. 수영 8관왕인 미국의 펠프스 선수는 "그동안 내가 상상하며 말하던 꿈이 드디어 이루어졌다"고 말했다. 성공의 비결을 한 마디로 요약한 것이다. 상상하고 선포하면 기적이 일어난다.

역시 한국인으로서 최고의 감동은 대한민국의 장미란이 세운 역도 금메달이다. 타의 추종을 불허하는 세계 신기록을 5개나 달성했다. 장미란은 신실한 그리스도인이다. 메달을 따면서 두 손을 모으고 하나님께 기도하는 장면은 은연중에 올림픽이 한 개인이나 국가의 영광 이전에 하나님의 영광이라는 복음의 메시지를 전하고 있다.

올림픽에 참가하는 선수들 가운데 예수님도 직접 뛰고 계신다. 예수 믿는 그리스도인들이 바로 올림픽에 참석하시는 예수님이시다. 예수님은 선수들에게 힘을 주시고, 선수들은 예수님에게 영광을 돌린다.

다 같은 선수들이 아니다. 스포츠를 하는 목적이 하나님의 영광인 그리스도인 선수들과 단지 자신과 자신이 속한 나라의 영광만을 추구하는 선수들이 구별되는 것이다. 똑같은 삶이라도 예수님이 있고 없고에 따라 전혀 다른 차원의 삶이 되는 것이다.

하나님은 올림픽에 참석한 모든 사람들을 경기 결과에 관계없이 똑같이 사랑하신다. 최고의 금메달은 사람이 주는 메달이 아니다. 죽기까지 사랑하신 예수님의 사랑을 받아들이는 자는 하늘의 금메달을 받은 자이다.

하나님의 영광, 하나님의 목적을 위해서 자신의 모든 것을 포기하고 최선을 다한 자가 받을 천국의 금메달이 내 목에 걸릴 날을 기대해 본다.

주여, 금메달 신자가 되게 하소서! :(080824)

말씀의 물, 생명의 물

주여, 새벽마다 더 큰 은혜를 주옵소서.
말씀의 물이 넘치게 하옵소서.
물이 가득한 저수지가 되게 하옵소서.
그 큰물로 나를 씻고, 이웃을 씻고, 도시를 씻고,
조국과 세계를 씻게 하옵소서.

하나님의 피조물 중 중요하지 않은 것이 하나도 없겠지만 정말 없어서는 안 될 것이 바로 물이다.

갑자기 물을 이야기하는 이유가 있다. 화장실에 들어가니 역겨운 냄새가 난다. 어쩌다보니 어젯밤 이후 실시한(?) 소변을 풀러싱(물 내리기)하지 않은 것이다. 대변보다 오히려 소변이 오래 두면 더 냄새가 역겹다. 얼른 물을 내리자 누런 물, 냄새나는 물이 한꺼번에 빠져버린다. 그리고 깨끗한 물이 변기를 채운다.

아, 정말 고마운 물이다. 하루라도 물이 없다면 우리 인생이 얼마나 지저분할까. 머리의 콩알 혹을 떼어낸 덕분에 삼사일 동안 샴푸를 하지 못했다. 하루에 두 번씩 머리 감는 사람이 나흘 동안 머리를 감지 못하니 정말 미칠 것 같다. 나흘 만에 조심스럽게 머리를 감고 약을 발랐다. 얼마나 살 맛 나는지 기분이 째진다. 날마다 샤워를 할 수 있다는 것이 정말 고마운 일이다. 어찌 몸뿐이겠는가. 설거지도 집안청소도 물이 없으면 절망이다.

씻는 것은 차치하고라도 물을 마시지 않으면 곧 죽음이다. 음식은 며칠을 굶어도 살 만하지만 물은 사흘만 안 마셔도 건강과 생명에 치명적이다. 금식기도에 가장 강조하는 것이 물은 반드시 마셔야 한다는 것이다.

몇 년 전에 러시아에서 테러리스트들이 학교 강당에 수백 명을 열흘 이상 인질 삼다가 인질 포함하여 거의 대다수가 죽은 사건이 있었다. 그 때 사람들이 갈증을 못 이겨 자신의 오줌을 마시는 모습을 본 적이 있다.

물은 생명이다. 창세기 창조기사에 보면 궁창의 물에서 생명이 시작된다. 그래서 진화론자들이 물속의 미생물에서 고등생물까지 진화했다고 멋대로 이야기하는 것이다. 물이 없으면 곧 죽음이다. 자연뿐만 아니라 도시와 모든 산업에 물이 없으면 곧 멸망을 의미한다. 웬만한 제조업에는 모두 물이 필요하다. 철강 산업에 물이 얼마나 많이 들어가는지를 알고 놀란 적이 있다.

우리 몸도 70% 이상이 물로 구성되어 있다. 지난번 침례를 집례하면서 물이 물속에 들어간다고 생각했다. 더러운 물이 깨끗한 물로 정화되는 의식이 침례이다. 피도 물이다. 더러운 죄의 피가 예수님의 깨끗한 피로 수혈되어 이제 더 이상 죄인의 피가 우리 몸속에 없게 된 것이다. 성경에서 물로 씻는다는 말이 얼마나 많이 나오는지 모른다.

물은 하나님의 은혜이다. 물은 하나님의 말씀이다. 매일 물로 얼굴과 몸을 씻듯이 우리는 말씀으로 매일 우리의 영혼의 때를 씻어내는 것이다.

예수님이 물로 제자들의 발을 씻으셨다. 민망해하는 베드로가 거부하자 씻기지 않으면 상관이 없다고 했다. 베드로는 발만 아니라 온 몸을 씻어달라고 했다. 예수님은 한번 침례를 받은 자는 발만 씻으면 된다고 하셨다. 우리가 주님께 회개하여 온 몸이 깨끗해졌더라도 매일 손발을 씻어야 한다. 그것이 예배요 기도요 경건의 시간이다.

요즘 새벽마다 말씀의 물로 영혼을 씻어내고 있다. 날마다 말씀과 기도에 몰입하다 보니 그렇지 않을 때 우리가 얼마나 오염되었는지를 깨닫게 된다. 변기에 물 내리기를 몇 시간만 하지 않아도 부패하는 냄새가 진동하는데 우리는 한 주 내내 말씀의 물 내리기를 한 번도 하지 않고도 멀쩡하게 살아 있다. 살았다 하나 죽은 것이다. 영혼이 죽었기에 역한 냄새를 맡지 못하는 것이다. 자신이 얼마나 죄에 오염되어 더럽고 부패한지를 알지 못할 뿐이다.

오늘 새벽 야고보 선생이 말씀했다. "하나님이 더 큰 은혜(more grace)를 주신다." 물 한 컵으로는 몸을 씻을 수 없다. 콸콸 나오는 물이 있어야 몸의 구석구석을 씻을 수 있다.

주여, 새벽마다 더 큰 은혜를 주옵소서. 말씀의 물이 넘치게 하옵소서. 물이 가득한 저수지가 되게 하옵소서. 그 큰물로 나를 씻고, 이웃을 씻고, 도시를 씻고, 조국과 세계를 씻게 하옵소서. 아멘. :(080914)

—

저주와 싸우는 교회

—

주여, 저주와 싸워 이기는 교회가 되게 하소서!
우리 교인들이 반드시 영혼이 잘되고,
범사에 잘되고, 강건하게 하옵소서!

운전하면서 우연히 보게 된 영상에서 척추측만증을 가진 여중생의 이야기가 나왔다. 척추가 S자로 심하게 휘어서 고생을 하는 모습이다.

갑옷 같은 보호대를 상체에 끼워야 물리치료가 된다고 한다. 너무 힘들어서 밥을 먹을 때 보호대를 벗었더니 엄마가 야단을 친다. 소화가 안 된다는 딸의 말에도 엄마는 막무가내로 보호대를 착용케 한다. 수술을 앞두고 의사가 고민하고 있다. 일반인이라면 보통 하듯 수술하면 되는데, 이 아이는 수영선수이기에 수술이 더 까다롭다는 것이다. 아이는 지병에 관계없이 수영선수로 일생을 살고 싶어 한다. 그래서 더 눈물이 나는 투병의 연속이다.

이 정도의 경우는 사실상 아무 것도 아닌 질병의 고통이 우리 인생에 얼마나 가득한가. 일반인이 상상하지 못하는 희귀병으로 고생하는 사람들, 특히 어린아이들을 볼 때마다 질병에 대한 분노를 느낀다.

엊그제 생로병사 프로그램에서도 각종 암과 싸우는 비만환자들의 투병장면을 볼 수 있었다. 질병으로 고통당하는 모습을 볼 때마다 질병은 절대로 저주라는 사실을 깨닫게 된다.

그 질병의 저주를 어떻게 해서든지 없애는 것은 참으로 좋은 일이다. 의학으로 없애든지, 기도로 없애든지 병을 없애고 치료하고 극복해야 한다. 질병 때문에 사람들이 성숙하기도 하고 영적, 정신적 유익을 얻는 것이 없지 않지만 그럼에도 불구하고 질병의 고통은 하나님의 뜻이 아니다. 질병은 철저하게 마귀가 가져다 준 저주 중의 저주이다.

질병과 함께 또 싸워야 할 저주는 가난이다. 오히려 질병보다 가난의 저주는 더욱 악하고 더럽고 비참하다. 질병이 있어도 돈이 있으면 대다수의 병은 치유될 수 있다. 어떠한 의학적 처리로도 고칠 수 없는 불치의 질병이 아직도 적지 않지만 대다수의 병은 돈만 있으면 치유될 수 있다.

그야말로 돈이 없어서 병을 치료하지 못하고 죽어가는 사람은 우리 주위에 얼마든지 볼 수 있다. 특히 가난한 나라의 대다수 병자들은 병 때문에 죽는 것이 아니라 돈 때문에 죽는다. 북한에서는 병을 치료하는 것이 사치라고 한다. 굶어죽는 사람이 도처에 있는 마당에 병자를 고치는 것은 차라리 사치라고 할 수 있다는 말을 북한을 자주 드나드는 어느 목사의 생생한 증언을 통해 들은 적이 있다.

엊그제 방송 스페셜에서 working poor(일하는 빈곤층)에 대한 다큐를 시청했다. 우리나라에 먹고 사는 것이 힘든 극빈층이 20%가 넘는다. 하루에 12시간 이상 매일 일하는데도 월평균 70만 원대를 받는 용역 청소부 아줌마의 하루 생활을 집중 조명하고 있다. 생계비에 웃도는 임금 수준의 비정규직이 우리나라 1,500만 명의 근로자 중에 절반을 차지하고 있다는 사실에 놀랐다.

우리나라뿐만 아니라 일본이나 미국과 같은 선진국에서도 일하는 빈곤층이 지속적으로 늘고 있다고 한다. 전 세계 인구의 3분의 1이 충분히 먹지 못하고 있다는 것은 상식에 속한다. 하루 종일 일해도 1달러 벌기 힘든 노동자가 아직도 세계 도처에 널려 있다. 아무리 다르게 생각해도 가난은 저주다. 하나님은 인간을 창조하실 때 절대로 우리가 가난하게 살기를 원하지 않으셨다.

가장 큰 저주는 죽음이다. 인생의 최대 원수인 죽음은 질병과 건강, 가난과 부요에 관계없이 모든 사람에게 임하는 저주 중의 저주이다. 이 저주를 멸하기 위해서 예수님이 오셨다. 저주의 상징인 십자가에 죽으심으로 우리의 죄와 죄로 인한 삼대 저주, 즉 가난을 부요로, 질병을 건강으로, 죽음을 생명을 바꾸신 것이다.

교회는 이 3중의 축복을 목숨 걸고 전해야 한다. 다른 방법이 있으면 얼마든지 사용해야 한다. 다른 방법이 없다면 복음으로 정복해야 한다.

주여, 저주와 싸워 이기는 교회가 되게 하소서! 우리 교인들이 반드시 영혼이 잘되고, 범사에 잘되고, 강건하게 하옵소서! :(081005)

생각대로

하나님의 생각, 하나님의 믿음, 하나님의 꿈, 하나님의 말로 세상을 정복하고 다스려야 한다.
이것을 믿음으로 바라보는 자에게는 위대한 기회가 될 것이다.
믿는 자에게는 '생각대로' 될 것이다.

뉴스를 보니 공공기관들이 모여서 각종 실험에 희생된 가축들의 넋을 기리는 제사를 드리는 장면이 나온다.

작은 것은 생쥐 모르모토에서부터 큰 것은 황소 등에 이르기까지 연간 수만 마리의 동물이 실험용으로 희생된다고 한다. 인간을 위해서 억울하게 희생된 동물들의 영혼을 위로하기 위해 무덤을 만들고 비석을 세우고 거대한 제사행사를 치르는 모습이다.

그 취지와 마음이 이해는 간다. 그러나 동물에게 영혼이 있다는 생각이 문제다. 동물에게는 영혼이 없다. 오직 인간에게만 영혼이 존재한다. 그런데 동물에게도 영혼이 있다고 생각하고 믿는 것이 문제이다.

여기서 느끼는 것은 인간은 그 생각대로 행동한다는 것이다. 생각이 모든 것을 결정한다. 만물은 두 번 창조된다. 마음속에 생각으로 창조하는 정신적 창조(mental creation) 와 실제 현실에서 눈에 보이는 물질적 창조(physical creation) 이다. 온갖 인간의 발명품이 세상에 나오기 전에 그 발명자의 생각에서 먼저 창조된다. 거대한 건물도 건축자와 설계자의 마음속에서 먼저 창조되어 설계도면이 그려지고 그 도면대로 건물을 지어가는 것이다.

그래서 성경은 "무릇 지킬 만한 것보다 더욱 마음을 지키라 생명의 근원이 이에서 남이니라"고 했다. 과연 그렇다. 마음이 불황이면 생활도 불황이다. 마음이 호황이면 삶도 호황인생이 되는 것이다.

최근 들어 온 세계와 온 나라가 경제적인 쓰나미로 고통을 겪는 것도 사실상 마음과 생각에서부터 시작된 재앙이다. 특히 우리나라의 경제가 지표상으로는 큰 문제가 없는데도 불구하고 주가나 환율이 요동을 치고 부동산 가격도 반토막이 나는 등 공황(패닉)현상이 가중되는 것도 사실상 마음 때문이다.

얼마 전 신문의 헤드라인에 "공포가 주가 1000선을 무너뜨렸다"고 제목이 올랐다. 공포와 두려움과 불안과 의심은 인생과 사회를 무너뜨리는 4인조 강도이다. 거기에 탐욕과 불법과 이기주의가 가세하면 가히 재앙 수준의 위기가 다가오게 된다.

어떤 면에서 인간이 스스로 재앙과 위기를 초청하는 셈이다. 자원과 물자와 돈은 옛날과 변함이 없이 존재한다. 그런데 유동성의 위기가 출렁이고 돈을 구하기 어려운 것은 바로 인간의 잘못된 마음 때문이다.

그리스도인은 마음이 천국이 되는 자이다. 하나님이 우리에게 주신 것은 두려움이 아니라 사랑과 능력과 근신하고 절제하는 마음이라고 성경은 분명히 말씀하신다. 그러므로 우리 그리스도인은 작금의 경제 환란에서 오히려 하나님의 세계를 바라보아야 한다. 4차원의 영성으로 3차원의 위기적 환경을 극복할 수 있다고 믿어야 한다.

믿음은 바라는 것의 실상이요 보지 못하는 것의 증거라고 했다. 없는 것을 있는 것 같이 바라보고 생각하고 꿈꾸고 선포하는 것이 믿음이다. 믿음으로 산다는 것은 눈에 보이는 것에 낙심하고 절망하고 분노하고 걱정하는 것이 아니다. 눈에 보이는 것이 실재가 아니라 눈에 보이지 않는 하나님이 참 실재(reality)요 진리요 사실이라는 것을 받아들여야 한다.

하나님은 합력하여 선을 이루신다고 약속하셨다. 세상을 바라보지 말고 주님을 바라보라고 하셨다. 세상을 다스리고 정복하라고 하셨다. 이 말씀이 진짜 현실임을 생각으로 깨닫고, 믿음으로 기대하고, 꿈으로 바라보고, 언어로 선포해야 한다. 하나님의 생각, 하나님의 믿음, 하나님의 꿈, 하나님의 말로 세상을 정복하고 다스려야 한다.

현재의 경제 쓰나미는 하나님께서 새로운 목적을 이루기 위해 물질 세계, 금융세계를 재편성하시는 섭리의 일환이다. 하나님의 일터사도에게 거대한 물질의 이동을 허락하시기 위한 놀라운 조치인 것이다. 이것을 믿음으로 바라보는 자에게는 위대한 기회가 될 것이다. 믿는 자에게는 '생각대로' 될 것이다.　:(081102)

부정 바이러스 박멸하기

믿음의 네트워크를 가지라. 예배에 성공하라.
즉시 결단하고 즉시 실천하라. 모든 사람에게 축복하라.
걱정은 하나님이 하시게 하라. 그리고 긍정의 힘으로 즐겁게 살아라.

교회 나온 지 얼마 안 되는 어느 자매의 남편이 축구를 하다가 다쳤다. 남편은 아직 신앙이 없다. 주일마다 친구들과 축구를 하는 것이 가장 신나는 일이다.

그런데 지난주 사고가 났다. 처음에는 작은 일이었다. 축구를 하다가 상대편 선수와 허벅지가 부딪쳤다. 아픈 줄도 모르고 하루 종일 공을 계속 찼다고 한다. 아마 통증을 참고 젊은 기개로 늦은 저녁까지 뛰어다녔던 것 같다. 집에 가서야 심상치 않음을 느꼈다.

그 다음날 12시간 만에 병원에 가보니 의사가 놀라는 모습이었다. 힘줄이 끊어지고 근육이 파열되었는데 시간이 너무 오래 되어 살 속이 썩어 들어가고 있다는 것이다. 근육을 절개하고 그 상태로 썩은 살을 파내는 수술을 여러 차례 하게 되었다. 의사 말로는 잘못될 경우 수십 차례의 수술이 필요하고 최악의 경우는 허벅지 아래를 절단해야 한다고 한다. 얼마나 기가 막히고 안타까운 일인가.

그 자매를 전도했던 팀장이 부목사와 담당 교역자와 함께 급히 병원을 찾아가 예배를 드리고 기도를 해 주었다. 비록 환자가 비신자이지만 아내가 아직 초신자인데다 전도의 접촉점이 될 것 같아 담임목사도 사모와 함께 심방을 하고 치유기도를 드렸다. 왼쪽 허벅지에 두터운 붕대를 감고 누운 모습이 안쓰러워 보였다.

심방을 끝내고 돌아오는 마음에 메시지가 들렸다. "아무리 사소한 것이라도 부정적인 것은 오래 허용하지 말고 즉시 물리치라." 무슨 일이든지 방심은 금물이다. 작은 부주의가 큰 재앙을 불러일으킬 수 있기 때문이다. 충격이 있을 때 즉시 운동을 중단하고 빨리 처치했다면 아무 것도 아닌 상처가 그렇게 심각한 지경까지는 가지 않았을 것이다.

영적으로도 마찬가지이다. 온통 부정적인 상황에서 계속 가만히 있으면 자기도 모르는 사이에 부정의 제물이 될 수도 있다. 어제 밤늦은 시간에 마신 커피 탓인지 잠이 오지 않았다. 설교준비와 메일확인을 위해 컴퓨터를 켰다. 각종 뉴스와 의견들이 블로그에 빽빽하다.

요즘 떠 있는 콘텐츠는 모두 불황과 경제 위기에 관한 어두운 소식들 천지이다. 40년 만에 자동차 회사가 감산을 결정했다. 7년 만에 수출 증가율이 마이너스 두 자리이다. 지역 공단마다 팔려고 내놓은 공장들이 즐비하다. 중소기업은 물론 대기업까지 감원과 명퇴의 구조조정의 칼바람이 현실로 다가왔다. 유학 간 학생들이 계속 공부를 해야 할지 다시 돌아와야 할지 몰라 고민하고 있다. 12년 동안 유학을 마친 어느 젊은이가 취직도 안 되고 영주권도 얻지 못하고 다시 돌아와도 속수무책이라서 울부짖으며 인터넷에 글을 올린다.

이런 저런 부정의 뉴스들을 읽어내려 가면서 내 마음도 막막하고 답답해진다. 여기저기 댓글을 올린 것까지 따라가보니 나라의 앞날이 걱정스럽다. 한 시간 가량 서핑을 하며 이글 저글을 읽다보니 내 자신이 이미 부정의 포로가 되고 말았다. 세계가 걱정스럽고 한국이 걱정스럽고 교회가 걱정스럽고 성도가 걱정스럽고 내 자신이 걱정스러워진다. 걱정이 꼬리를 물더니 기도도 안 나오고 잠도 오지 않는다.

이것이 바로 부정 바이러스의 폐해이다. 가만히 있으면 작은 부정의 바이러스가 모든 것을 집어 삼키게 된다. 새벽기도회에 나와 모든 부정을 예수의 이름으로 물리쳐 버린다. 창세기의 아브라함의 믿음 이야기로 부정의 때를 씻어버린다. 아브라함은 하나님의 전적 은혜로 믿음의 조상이 되었다. 그의 자손은 물론 충성된 종 엘리에셀까지도 하나님 앞에 엎드려 절하며 하나님이 주신 형통을 찬양했다.

믿음의 네트워크를 가지라. 예배에 성공하라. 즉시 결단하고 즉시 실천하라. 모든 사람에게 축복하라. 긍정의 말씀으로 마음을 씻으니 어젯밤의 걱정이 부끄러웠다. 걱정은 하나님이 하시게 하라. 그리고 긍정의 힘으로 즐겁게 살아라.   :(081207)

백배의 복

"약속의 이들은 반드시 하나님의 복을 받는다."

오늘 새벽 말씀은 창세기 26장이다. 이삭의 축복에 관한 말씀이다.

이삭이 받은 복을 통해 성경의 축복이 어떠한가를 알게 되었다. 12절에 "이삭이 그 땅에서 농사하여 그해에 백배나 얻었다"고 했다. 한 해에 백배의 복을 받았다니 정말 놀라운 일이다.

이것이 하나님이 주시는 복의 위대성이다. 우리도 이삭처럼 백배의 복을 받을 수 있다고 믿자. 백배의 복을 받은 이유는 "여호와께서 복을 주셨기 때문"이다. 복 받는 비결은 간단하다. 이삭이 농사를 지었다고 했는데 우리도 농사를 지어야 한다. 인간의 역할은 최선을 다하는 것이다. 하나님은 아무 것도 하지 않았는데 복을 주시는 분이 아니시다. 하나님께서 그 뿌린 씨앗에 백배의 수확을 거두게 하는 것이다.

어제 우리나라 수출이 4천억 달러가 넘었다고 한다. 40여 년 전에 1억 달러가 4천배의 복을 받은 것이다. 우리가 열심히 일했고 하나님께서 복을 주셨기 때문이다. 이삭이 받은 복의 특징이 13~14절에 나와 있다. 창대하고 왕성하여 거부가 되고 양과 소가 떼를 이루고 종이 심히 많았다고 했다. '왕성했다'는 것은 계속해서 복을 받았다는 것이고 물질의 복만 아니라 사람의 복도 받았다는 것이다. 그 지방 블레셋 사람들이 시기할 정도로 복을 받았다.

이삭이 더 복을 받은 이유는 시기하는 사람과 싸우지 않고 네 번이나 자리를 옮긴데에 있다. 우물의 물이 풍성하여 잘되는 것을 시기한 이방민족들이 우물을 막고 싸움을 걸어오자 아무 소리 하지 않고 다른 곳에 가서 우물을 팠다. 여기서 이삭의 캐릭터(인격)를 알 수 있다. 이삭은 온유하고 관대하고 넓은 마음을 가진 자이다. 온유한 자가 땅을 차지하는 법이다.

우물을 파는 곳마다 맑은 물이 넘쳐흘렀다. 그 이유는 하나님께서 함께 하셨기 때문이다. 우물 때문에 이삭이 번창한 것이 아니라 하나님 때문에 창대해진 것을 세상 사람들은 알지 못했던 것이다. 이삭은 모든 성공의 공을 하나님께로 돌렸다.

22절에서 이삭은 "여호와께서 우리를 위하여 넓게 하셨으니 이 땅에서 우리가 번성하리로다"고 하였다. 나는 이 말씀을 개인은 물론 우리 교회에 주시는 말씀으로 받았다. "여호와께서 성시교회를 위하여 넓게 하셨으니 우리가 번성하리로다."

이삭의 절대 하나님 중심, 절대 긍정의 신앙은 하나님의 임재를 가져다 주었다. 24절에 "그 밤에 여호와께서 그에게 나타나 이르시되 나는 네 아버지 아브라함의 하나님이니 두려워하지 말라. 내 종 아브라함을 위하여 내가 너와 함께 있어 네게 복을 주어 네 자손이 번성하게 하리라"고 하셨다. 여기서 하나님은 이삭에게 복을 주시는 이유가 "아브라함을 위하여"라고 하신다. 아버지 때문에 아들이 복을 받게 되는 것이다.

하나님을 의지하고 세상과 다투지 아니하여 복을 받은 이삭도 때로는 걱정스럽고 두려워한 때가 있었던 것 같다. 네 번이나 우물을 파면서 이삭이 힘들고 지쳤을 것이다. 그래서 하나님은 "두려워 말라"고 하셨던 것이다.

하나님의 복을 받으려면 두려워하지 말아야 한다. 그리고 약속의 말씀을 믿고 순종해야 한다. 25절에 이삭이 제단을 쌓고 여호와의 이름을 불렀다고 했다. 기도하고 예배할 때 모든 두려움과 걱정이 사라지고 하나님의 약속이 이루어지는 기적을 체험할 수 있다.

오늘의 말씀에서 깨달은 것을 정리한다. (1) 싸워서 얻는 복이 아니라 하나님이 주시는 초자연적 복을 받자 (2) 하나님이 함께 하시는 것이 최고의 복이다. (3) 신앙의 유산을 통해 약속하신 모든 복을 받아 누리자.

결론은 이것이다. "약속의 아들은 반드시 하나님의 복을 받는다."

주여, 백배의 복을 받게 하옵소서! :(081214)

하나님의 은혜로 자신감있게

즐겁게 일하고, 즐겁게 전도하고, 즐겁게 예배드리고, 즐겁게 봉사하고, 즐겁게 목회하고,
즐겁게 사람을 섬기자. 즐겁게 하지 않는 모든 것은 저주요 실패요 손해라고 여기자.
내 힘으로만 살려고 버둥대지 말자. 전적으로 하나님의 은혜로 살자.

내가 처음 골프채를 잡은 것은 미국 유학시절인 1984년이다.

당시 미국 목사 한 분과 교제하고 있었는데 할아버지 목사님이셨다. 얼마나 검소한지 할인마트에서 구입한 골프채를 20년 가까이 사용하고 있었다. 말 그대로 우드 클럽은 나무로 만든 것이었다. 어찌나 오래 사용했던지 나무 헤드가 닳고 달아서 클럽 번호가 새겨진 것이 없어지고 반들반들해진 모양이 지금도 눈에 선하다.

그 목사님께서 나를 데리고 바로 동네 골프장으로 갔다. 그분은 노인이라 무료였고, 나는 18홀 도는데 6달러를 지불했던 것으로 기억된다. 당시 내가 있던 파사데나 시는 인구 10만이 안 되는 소도시였지만 골프장은 퍼블릭만 10개가 넘었다. 그만큼 골프는 미국에서 대중운동이었다. 시설이 안 좋은 동네 골프장에는 사람도 많지 않았다. 한낮 뜨거운 때는 서너 시간 동안 손님이 전혀 없어서 혼자 골프를 칠 수도 있었다. 지금은 우리나라에서도 골프가 대중화되고 있지만 그 당시 골프를 친다는 것은 쉬운 일이 아니었다.

유학을 떠나기 전 내가 인도하던 교수 성경공부 모임에서 어떤 교수가 미국에 가면 반드시 세 가지를 하고 오라고 권고했었다. 골프를 배우고, 스키를 배우고, 여행을 다니면서 사진을 많이 찍으라고 했다. 남는 것은 그것뿐이라고까지 했다.

그 말을 염두에 두었던 나는 일찌감치 골프를 시작했고, 여행을 많이 다녔고 사진도 많이 찍었다. 골프나 여행이나 경제적으로 돈이 많이 들지 않았던 미국의 특권이었기 때문이다. 스키는 지역적으로 캘리포니아라서 자주 탈 기회가 없었다.

아무튼 그 할아버지 목사님 덕분에 나는 골프를 접하게 되었고, 정식 레슨을 받지 않았지만 가끔 골프를 즐길 수 있게 되었다. 더구나 순복음교회에서는 조용기 목사님이 처음부터 골프를 즐기고 제자들에게도 골프 칠 것을 명하였기 때문에 기회가 더 많아질 수밖에 없었다. 지금도 연습을 하거나 자주 칠 수 없는 상황이지만 조 목사님과 제자들이 운동할 때나 누가 초청할 때에는 부담없이 나갈 수 있게 된 것도 미국 유학시절 덕분이라고 생각한다.

성시교회는 창립 때부터 성시회라는 골프 동아리가 있었다. 특히 올해에는 성시회가 많이 활성화된 해이다. 골프를 통해서 친목을 도모하고, 특히 새 가족이나 전도 대상자가 골프를 칠 수 있으면 좋은 만남과 접촉점이 되고 있다. 매월 마지막 월요일은 성시회가 모이는 날이다.

올해의 마지막 운동이 지난 주 월요일에 있었다. 갑자기 닥친 반짝 추위도 누그러져 따뜻한 봄날씨 같았다. 함께 하는 성도들도 다 좋은 멤버였다. 첫 홀에 엉망이었다. 그래서 감사기도를 드리며 주님께서 주신 자성(自成)예언을 중얼거렸다. "하나님의 은혜로 자신감을 가지고 즐겁게 하자." 그래서 그런지 오랜만에 성적이 좋았다. 0.5점차로 준우승을 했다. 우승 트로피는 앞으로 안 나올 것을 고려했던 성도에게 돌아갔다. 그는 우승한 덕에 다시 열심히 성시회에 나오기로 하고 후원도 약속했다. 모든 것이 하나님 은혜의 결과이다.

앞으로 성시회가 교회 부흥과 함께 크게 성장하여 수십개 이상의 팀이 모이는 번창의 축복이 임하기를 기도한다. 이번에 받은 하나님의 슬로건이 얼마나 마음에 드는지 모른다. 무슨 일을 하든, 어떤 인생이 되든 '하나님의 은혜'로 하자. 또 믿음과 '자신감'을 가지고 하자. 특히 볼을 때릴 때에는 머뭇거리거나 걱정하지 말고 담대함과 자신감으로 때리자.

그리고 어떤 경우에도 '즐겁게' 하자. 즐겁게 일하고, 즐겁게 전도하고, 즐겁게 예배드리고, 즐겁게 봉사하고, 즐겁게 목회하고, 즐겁게 사람을 섬기자. 즐겁게 하지 않는 모든 것은 저주요 실패요 손해라고 여기자. 내 힘으로만 살려고 버둥대지 말자. 전적으로 하나님의 은혜로 살자.

"하나님의 은혜로 자신감을 가지고 즐겁게 삽시다!" :(081130)

용서의 힘

다른 사람을 용서하고, 하나님을 용서하고, 자신을 용서하라.
남을 용서하지 못하는 사람은 기도할 수 없다.
하나님을 용서하지 못하는 사람은 부요할 수 없다.
나를 용서하지 못하는 사람은 행복할 수 없다.
살기 위해서 용서해야 한다.

용서에 대한 설교를 두 주간 했다. 사람들이 은혜받았다고 한다. 진짜 은혜는 설교를 실천하는 것이다. 설교자인 나부터 실천해야 한다. 용서가 무엇이며, 왜 용서해야 하며, 어떻게 용서하는가에 대해서 말씀을 전했지만 과연 얼마나 우리는 용서하며 살고 있는가?

우리는 날마다 용서해야 한다. 왜냐하면 날마다 용서할 일이 생기기 때문이다. 인간이 불완전하기에 다른 사람의 관계에서, 나 자신 때문에라도 용서할 일이 생긴다. 누군가 교회와 나에 대해서 좋지 않은 말을 했다는 이야기를 듣는 순간 나는 용서할 준비를 해야 한다. 아니 그 자리에서 용서해야 한다.

지난 2주간 동안 만에도 수많은 사람들을 만났다. 가장 가까운 가족부터 항상 만나는 교회의 스탭들과 성도들, 그리고 오랜만에 만나는 사람들, 그냥 스쳐 지나가는 사람들에 이르기까지 우리는 용서를 선택해야 할 일이 얼마나 많은지 모른다. 기분 나쁠 때마다, 화가 나려고 할 때마다, 실망하려고 할 때마다 용서의 약으로 다스려야 한다. 성공하려면 반복해야 하고 실천해야 한다.

용서인생이 되기 위해서 다시 용서에 대한 말씀과 지혜를 정리해야 겠다. 용서의 유익은 말로 다할 수 없다. 용서는 우리를 자유케 한다. 모든 종류의 속박과 사슬에서 우리를 해방시킨다. 죄책감, 분노, 미움, 좌절감의 감옥에서 나오게 한다.

용서는 자신을 찾는 길이다. 타인이 자신을 통제하지 못하게 하는 것이다. 내 인생을 내가 주도적으로 책임을 지는 삶을 선택하는 것이다. 용서하면 몸과 마음이 건강해진다. 나는 건강과 행복을 원한다. 그렇다면 용서해야 한다. 용서는 하나님과의 관계를 회복시킨다. 용서하면 성령의 기름부으심을 받을 수 있다. 내가 용서하면 하나님이 나를 용서하신다. 용서하면 사업에 축복을 받는다. 용서하면 세상에서도 성공한다.

용서는 나의 상처와 아픔을 인정하는 것에서 출발한다. 가장하거나 포장하거나 속이지 말고 있는 그대로 내어놓아야 한다. 그리고 용서를 결심하고 용서한다고 말해야 한다. 상대방의 잘못을 더 이상 말하지 말고 땅에 묻어야 한다. 망각의 바다에 던져버려야 한다. 용서는 삶이요 생활방식이요 생활습관이 되어야 한다. 주님께서 일흔 번씩 일곱 번이라도 용서하라는 말씀을 하신 이유가 여기에 있다. 용서는 약한 행위가 아니라 강한 자가 되는 길이다. 용서하지 못하는 자는 자신이 건너야 하는 다리를 부수는 것이다.

용서는 최고의 기술이다. 용서를 많이 할수록 더욱 더 잘 용서할 수 있다. 우리는 용서하는 법을 배워야 한다. 용서의 5단계는 (1) 인정하라 (2) 선택하라 (3) 선포하라 (4) 덮어주라 (5) 축복하라 이다.

용서의 3대 대상은 타인과 하나님과 자신이다. 다른 사람을 용서하고, 하나님을 용서하고, 자신을 용서하라. 남을 용서하지 못하는 사람은 기도할 수 없다. 하나님을 용서하지 못하는 사람은 부요할 수 없다. 나를 용서하지 못하는 사람은 행복할 수 없다. 인간이라면 용서는 필연적이다. 살기 위해서 용서해야 한다. 무조건 용서해야 하는 이유는 용서하는 것이 용서하지 않는 것보다 더 낫기 때문이다.

자신의 잠재력을 극대화시키기 위해서는 자신을 용서해야 한다. 모든 상처의 만병통치약이 용서이다. 부정적인 자화상을 성공적인 자화상으로 바꾸기 위해서 반드시 용서해야 한다.

이제 용서를 선택하자. 용서한다고 먼저 말하자. 상대방이 반응하든 말든 용서한다고 선포하자. 그리고 더 이상 상대방의 실수와 잘못을 말하지 말자. 더 이상 하나님을 원망하지 말자. 더 이상 나의 과거와 실패를 한탄하지 말자. 오히려 덮어주자. 사랑으로 끌어안자. 그리고 하나님께 기도하자. 축복한다고 고백하자. 그러면 기적이 일어날 것이다. 용서는 궁극적 기적이다(Forgiveness is the ultimate miracle).

봉사예찬

이 세상에서 가장 위대한 축복은 하나님께 쓰임받는 축복이다.

지난 1월 마지막 금요철야에 남녀선교회 헌신예배를 드렸다. 남선교회와 여선교회를 활성화하고 올바른 봉사의 자세를 확립하고 봉사자로서의 결단을 위해 모든 순서를 평신도가 맡도록 하였다. 준비찬송과 사회, 기도와 간증, 찬양과 메시지까지 평신도들이 담당했다. 잘 훈련받고 준비된 탓에 전체 예배가 은혜롭고 깔끔했다.

특히 박주남 장로의 메시지가 너무 은혜로웠다. 목사이지만 나도 봉사자의 자세를 가지고 맨 앞자리에 앉아 경청하니 예수님의 말씀이었다. 박주남 장로는 내가 성동성전에 3개월 담임으로 있을 때 남선교회 회장이었다. 날마다 새벽 4시에 교회를 나와 교회 문을 최초로 열고 모든 예배 준비에 솔선수범하는 모습이 인상적이었다.

담임목사를 하늘처럼 여기고 예배와 집회에 앞장서서 안내를 하는 모습에 큰 감동을 받았다. 그 때 이후로 나와 성시교회를 위해서 날마다 새벽마다 기도를 드리고 가끔씩 격려의 전화로 힘을 더해주는 고마운 분이다.

성경본문은 골로새서 3장 23절이다. "무슨 일을 하든지 마음을 다하여 주께 하듯 하고 사람에게 하듯 하지 말라." 이 말씀을 근거로 하여 자신이 봉사한 삶을 중심으로 40분 시간을 정확하게 지켜서 많은 감동을 전했다.

봉사가 무엇이며, 어떻게 하며, 그 결과가 무엇인지에 대한 간결한 메시지이다. 봉사는 한마디로 남을 위하여 섬기는 것이다. 봉사는 철저하게 나 자신은 죽어지고 예수님과 다른 사람이 살아나는 것이다. 성도들, 특히 남녀선교회의 제직들은 교회에 봉사하면서 은혜를 받아야 한다.

봉사가 은혜가 되기 위해서는 적당하게 하는 것이 아니라 주님 대하듯 해야 한다. 적어도 주일 아침 새벽에 나와서 기도로 힘을 얻고 모든 예배준비를 마쳐야 한다. 여의도의 경우 새벽 5시 반까지는 나와서 대기하고 밤 10시까지 봉사한다고 한다. 봉사로 은혜받은 것을 평일에 세상에서 복음으로 전해야 한다.

봉사자는 교회의 얼굴이다. 그러므로 늘 웃는 얼굴로 친절하게 성도들을 섬겨야 한다. 봉사자는 모든 예배에 참석해야 한다. 구역예배도 빠지지 말아야 한다. 봉사자는 먼저 무릎을 꿇어야 하고 손을 잡아야 한다. 무릎 꿇는 것은 기도하는 것이요, 손을 잡는 것은 하나되는 것이다.

봉사는 자기희생이다. 자기 하고 싶은 것을 절제해야 한다. 박 장로는 항상 새벽 3시 50분까지 날마다 교회를 나오는 봉사를 25년 이상 했다고 한다. 그러기 위해서는 집에서 텔레비전을 볼 시간이 없다. 봉사자는 언행일치가 되어야 한다. 말조심해야 한다. 말은 바람과 같아서 다른 사람에게 확대되어 전달되어질 수 있다.

봉사자는 항상 주연이 아니라 조연임을 잊지 말아야 한다. 봉사의 훈련은 솔선수범으로 이루어져야 한다. 봉사를 하면 네 가지 축복을 받는다. 첫째, 건강의 복이다. 건강은 최고의 축복이다. 열심히 일하고 걷고 뛰어다니면 저절로 건강해진다. 둘째, 가정 평안의 복이다. 봉사자는 집안에서부터 봉사하고 섬기기 때문에 부부관계가 좋아진다. 셋째, 자녀가 잘되는 복이다. 봉사를 열심히 하는 자는 그 자녀가 반드시 잘되게 되어 있다. 넷째, 물질의 복이다. 봉사하는 자는 하나님께서 반드시 물질의 복을 주신다. 십일조를 온전히 드리는 봉사자는 하나님께서 백배의 복을 주신다. 기교도 없고 세련됨도 부족하지만 실제로 봉사의 삶을 살고 있는 박 장로의 담백한 간증설교는 바로 주님의 말씀이다.

듣지 못한 성도를 위해서, 또 나 자신에게 적용하기 위해서 그 들은 메시지를 요약해 보았다. 모든 성도들, 특히 제직들이 이 말씀의 테이프를 반복해서 듣고 도전받고 실천함으로써 박주남 장로 못지않은 봉사자들, 헌신된 일꾼들이 성시교회에서 불같이 일어나기를 소망한다.

이 세상에서 가장 위대한 축복은 하나님께 쓰임받는 축복이다.

십자가의 일곱가지 메시지

십자가는 모든 나쁜 것이 옮겨진 자리이다. 그 자리에서 모든 나쁜 것이 죽게 되어 사라졌다.
이제는 과거의 내가 사는 것이 아니다. 내 안에 그리스도가 사시는 것이다.
그리스도가 사신다는 것은 하나님의 모든 좋은 것이 내 것이 된다는 말이다.

"내가 그리스도와 함께 십자가에 못박혔나니 그런즉 이제는 내가 사는 것이 아니요, 오직 내 안에 그리스도께서 사시는 것이라, 이제 내가 육체 가운데 사는 것은 나를 사랑하사 나를 위하여 자기 자신을 버리신 하나님의 아들을 믿는 믿음 안에서 사는 것이라."

이 말씀은 사도 바울의 신앙고백, 인생고백이다. 바울은 예수님의 십자가를 체험한 사람이다. 그는 다메석 도상에서 예수님을 직접 만났다. 예수님을 만난 순간 박해자에서 전도자로 인생이 180도 바뀌었다. 3년간 아라비아 광야에서 예수님을 체험하는 시간을 가졌다. 그 3년의 기간 동안 바울의 예수체험은 십자가가 그 중심에 있었다. 예수님의 입장에서 십자가를 체험한 것이다.

지난 고난주간 내내 나는 이 바울의 체험이 나의 경험이 되기를 소망했다. "내가 그리스도와 함께 십자가에 못박혔나니", 이 고백이 새삼스럽게 다가왔다. 제자훈련 때 수없이 외웠던 말씀이었건만, 이렇게 새로이 다가오기는 처음이다. 과연 나는 예수님과 함께 십자가에 못박힌 경험이 있는가? 스스로에게 자문해 보았다.

십자가에 못박히는 체험이란 무엇일까? 헨리 블랙커비의 〈십자가를 경험하는 삶〉과 존 스토트의 〈그리스도의 십자가〉라는 책을 읽어나가면서 그 의미를 파악하려고 힘썼다. 닷새 동안의 특별새벽기도를 인도하면서 십자가의 영성을 추구해 보았다. 십자가 경험하기, 십자가상의 일곱 메시지, 십자가와 하나님, 십자가와 그리스도 그리고 십자가와 나 자신에 대해 묵상하면서 말이다.

"내가 그리스도와 함께 십자가에 못박혔다"는 말은 나의 모든 세상 것이 죽었다는 말이다. 내 옛사람이 죽었고, 내 죄성과 그 결과들이 죽었고, 내 모든 실패와 문제와 고통이 죽었다는 말이다. 죽었다는 것은 사라졌다는 것이다. 암세포가 사라지는 가장 좋은 길은 그 암세포를 가진 몸이 죽는 것이다. 암세포와 같은 나의 모든 옛사람의 속성이 내가 십자가에 못박혀 죽으면서 다 사라지게 되었다는 것이다.

다섯 가지가 십자가에 못박혔다고 외쳤다. (1) 내 영혼의 죄가 십자가에 못박혔다. 예수님의 두 손과 두 발에 못이 박힌 것이다. 그래서 이제는 죄사함을 받은 의인과 구원의 확신을 가지게 되었다. (2) 내 마음의 상처가 십자가에 못박혔다. 예수님의 심장에 창이 꽂혀 물과 피가 쏟아져 나왔던 것이다. 그래서 이제는 더 이상 부정적인 감정과 상처 때문에 괴로워하지 않고 마음의 감사와 평안과 사랑이 넘치게 되었다. (3) 내 육체의 질병이 십자가에 못박혔다. 예수님이 온 몸에 채찍을 맞음으로 피를 흘리신 것이다. 그래서 이제는 더 이상 죄의 결과로서의 질병에 시달리지 않고 건강과 장수의 삶을 살게 되었다. (4) 내 생활의 저주가 십자가에 못박혔다. 예수님의 머리에 가시면류관이 덮어 씌워져 머리로부터 피가 흘렀다. 그래서 이제는 모든 삶의 저주와 궁핍과 가난이 사라지고 삶의 필요를 채우는 하나님의 부요와 축복이 우리에게 넘치게 되었다. (5) 내 미래에 다가올 종말과 죽음에 대한 두려움이 십자가에 못박혔다. 예수님께서 십자가에 죽으신 지 삼일 만에 무덤에서 부활하셨다. 그래서 이제는 내가 죽어서 가야 할 지옥에 가지 않게 되었고 심판도 면제되어 하나님의 나라에서 영원토록 살게 된 것이다.

십자가는 모든 나쁜 것이 옮겨진 자리이다. 그 자리에서 모든 나쁜 것이 죽게 되어 사라졌다. 이제 사탄이 가져다 준 모든 나쁜 것은 나와 상관이 없다. 이제는 과거의 내가 사는 것이 아니다. 내 안에 그리스도가 사시는 것이다. 그리스도가 사신다는 것은 하나님의 모든 좋은 것이 내 것이 된다는 말이다. 동시에 하나님의 뜻이 나에게 이루어진다는 것이다. 예수님처럼 철저하게 하나님께 복종하는 삶을 나도 살게 되었다는 말이다. 이제 예수처럼 죄에 대하여 죽고, 의에 대하여 사는 삶이 시작된 것이다.

이제 내 삶은 완전히 달라졌다!

—

헌신

—

예수를 믿고 구원을 받는 것은 죄로부터의 자유이지만,
동시에 하나님을 향한 구속, 헌신이기도 하다.

생명, 자유, 헌신은 가장 귀하고 위대한 가치를 말해주는 단어이다.

EBS 다큐 프로그램 중에 '테마세계여행' 이라는 것이 있다. 지난주에 아프리카 가나의 골드코스트를 취재했다. 해안을 따라 금이 많이 나는 지역이라 중세 이후 서구 열강의 지배를 받은 땅이다. 지금도 사금 채취하는 모습을 어디서나 볼 수 있다. 가난한 흑인들이 하루종일 진흙을 헤치며 강바닥을 훑어가면서 금가루를 채취하며 근근이 살아가고 있다. 그곳에서 나온 금은 수백 년 동안 유럽으로 실려가서 유럽의 부를 축적하게 했다.

일전에 또 다른 프로그램에서는 남미 볼리비아의 은 광산을 보여준 바 있다. 은을 채취하기 위해 수백 년 동안 산을 파헤쳐서 산의 높이가 수백 미터 낮아졌다고 한다. 그곳에 원주민인 인디오를 노예로 삼아 은을 채취하게 되었고 살인적인 노동으로 매일 1500명씩 죽어나가 600만 명의 인디오 노예가 은을 캐다가 죽음을 맞이했다고 한다. 그곳에서 채취한 은이 유럽에 실려가서 유럽 은화의 80%를 주조하는데 사용되었다고 한다.

아프리카 가나의 금 채취 이야기보다 더 가슴을 때리는 이야기는 '검은 다이아몬드' 라고 하는 흑인노예의 이야기이다. 스페인에서 4백 년 전에 만든 해안가의 노예감옥을 보여주었다. 지하의 방들에 150명씩 수용하는 콘크리트 감옥(던전)이 화면에 나타난다. 빛이 거의 없어 암흑의 공간에 용변을 처리하는 시설 외에는 아무 것도 없는 흙바닥이다. 그곳에 손이 뒤로 쇠사슬에 묶인 흑인들은 배로 실려가는 동안 수용되었다. 환기가 불가능한 지하 감옥에서 산소가 부족하여 헐떡이다가 몸부림치며 죽어갔다. 벽에 등과 손을 대고 긁어댄 자국이 생생하게 남아 있다. 살아남은 자들은 해안가를 향한 문을 통해 작은 배에 실려 큰 배로 옮겨져 영국과 미국으로 실려갔다. 감옥에서 해안가로 향하는 문의 이름은 '돌아오지 않는 문' (door of no return)이라고 씌여 있다. 한번 나가면 영영 돌아올 수 없기 때문이다. 노예선에서 또다시 기아와 질병으로 절반이 죽어갔다. 간신히 식민지로 실려가면 그곳에서 평생 노예로 살다가 죽어간 사람이 얼마나 많았을까?

오늘 우리의 삶이 아무리 힘들고 어려워도 역사상 노예로 살다가 간 사람에 비하면 얼마나 감사한 일인지 모른다. 살아있다는 것, 일용할 양식을 먹을 수 있다는 것, 무엇보다 자유롭게 살 수 있다는 것은 인간으로서 가장 기본적인 권리이면서도 가장 소중한 가치이다.

그보다 더 감사한 것은 영적 감옥에서 자유를 얻어 구원을 받은 것이다. 우리는 너무 편하고 너무 안락하다. 누가 예수 믿는다고 잡아가거나 때리거나 죽이지 않는다.

선교선박인 둘로스의 최종상 단장의 간증이다. 그 지역에는 예수 믿는 사람을 밀림의 작은 컨테이너에 가두고 매를 때리고 죽였다. 그 마을에 마지막 남은 그리스도인이 있었는데 그는 8살짜리 아들에게 갑자기 아빠가 없어지거든 울지 말고 기뻐해야 한다고 일러두었다. 어느 날 아이들이 잠을 자다 일어났는데 아빠가 사라졌다. 8살짜리 형은 아빠의 말을 기억하고 동생과 함께 마을을 다니며 기쁠 때 지르는 아프리카 노래를 불렀다. 동네 사람들은 아이들을 붙들고 그 이유를 물었고 아이들은 아빠의 말을 전했다. 동네 사람들은 충격을 받았다. 그 아빠는 결국 돌아오지 못했다고 한다. 예수를 믿고 구원을 받는 것은 죄로부터의 자유이지만, 동시에 하나님을 향한 구속(헌신)이기도 하다.

200년 전 이 땅에 최초의 호주 선교사는 40일 동안 배를 타고 부산에 도착하여, 20일간 걸어서 서울을 오다가 풍토병에 걸려 죽고 말았다고 한다. 복음을 제대로 한번도 전하지 못하고 세상을 떠난 것이다. 오늘 우리가 예수 믿는다는 것은 사실상 헌신과는 관계가 없는 것인지도 모른다.

고통은 위장된 축복이다

고통은 우리에게 믿음을 요구한다.
예수님이 우리를 위해 고통을 함께 그리고 대신 받으셨다.
그 고통이 오히려 하나님에 대한 확실한 믿음을 가지게 한다.
고통은 위장된 축복이다.

아버님이 81세 생애 처음으로 병원에 입원하셨다. 지난 늦봄에 감나무에 약을 치다가 떨어지셔서 척추를 다치셨는데 수술 시기를 놓치고 고생하시다가 결국 수술을 받으신 것이다. 이런 사고가 아니라면 질병 없이 장수하실 분인데 잠깐의 실수와 그로 인한 사고가 벌써 몇 개월째 고통을 안겨주고 있는 것이다.

사시는 가까운 병원에서 검사를 받으셨다. 수술을 받으면 통증이 사라질 수 있다는 희망으로 선택한 수술이다. 아버지는 좀처럼 아프다는 말씀을 하지 않으시는 분이다. 웬만하면 병원에 가기를 꺼려하신다. 경제적인 이유도 있겠지만 성격이 원래 그러신 분이다. 그런데 이번에는 먼저 수술받을 것을 주장하셨다. 그만큼 통증과 불편이 심하셨던 모양이다. 두 시간 예정이던 수술이 5시간을 넘었다. 막상 열어보니 상태가 더 심했다는 것이다. 그래도 수술이 잘되었다니 다행이다.

그런데 수술한 그날밤 밤새도록 잠을 못 주무셨다. 소변 문제 때문에 자주 일어나야 했고, 또 피가 응고되지 않아 결국 그 다음날 다시 재수술을 받으셔야 했다. 참으로 어처구니가 없었다. 재수술후 다시 관장 후유우증으로 또 다시 통증과 싸우게 되었다. 왜 이리 고통의 연속인가?

지난 월요일에는 서울대 분당병원에 병원심방을 갔다. 정준양 집사가 급성 디스크로 아버지와 같은 증세로 입원한 것이다. 칼로 찌르듯 심한 고통에 진통제도 듣지 않아 몰핀을 맞을 정도라고 한다. 결국 정 집사도 수요일 아침에 수술을 받았다. 같은 병원에 간암 수술을 받고 누워있는 도명섭 성도도 찾아갔다. 이사야의 말씀으로 위로를 하고 기도를 해 드렸는데 바로 옆에는 지구촌 교회 권사의 아버지가 담낭수술을 기다리며 고통스러워했다. 역시 그분들을 위해서도 안수를 해 드렸다. 서울대 병원 그 큰 건물 안에 수백개의 병상 위에서, 수술실과 응급실에서 고통으로 몸부림치는 사람들이 가득하다.

인간은 왜 이렇게 고통을 당해야 하는가? 질병뿐만 아니다. 갑자기 다가오는 사고 사건 때문에, 경제적 궁핍 때문에, 가족과 인간관계 때문에, 심지어는 교회에 와서 성도들 때문에 인간은 고통을 겪고 있다. 더 나아가서 고통은 인간으로 하여금 하나님에 대해 의심하게 하고, 깊고도 끝없이 괴로운 의혹을 가지게 한다.

어제 이 시대 최고의 기독교 작가인 필립 얀시(Philip Yancey)를 만났다. 레노바레 영성수련회에 강사로 왔는데 개인적으로 여러 시간 만남과 대화의 시간을 가졌다. 필립 얀시는 그의 책 〈삶이 고통스러울 때〉(When Life Hurts)에서 인간은 고통에 대해 다섯 가지 질문을 하게 된다고 주장했다.

"하나님은 정당하신가?" "하나님은 진정으로 능력이 있으신가?" "하나님은 공평하신가?" "하나님은 왜 고통에 무관심하신가?" "하나님은 과연 어디 계신가?"

이에 대한 대답을 제대로 할 수 있을 때 고통은 오히려 우리에게 축복이 될 수 있다. 고통이 우리를 잠시 불행하게 하지만 그러나 고통이 전혀 없다면 오히려 그것은 절망적인 불행이 될 수 있다. 나병환자들은 고통을 모르기 때문에 모든 신체적 기형이 발생하고 더욱 절망적인 상황이 되고 만다. 고통을 느끼는 세포들이 죽어서 눈을 깜빡거려야 할 때를 알 수 없어서 대다수의 나병환자들은 장님이 되고 있다.

이같은 사실은 크고 작은 수많은 고통이 매일 우리를 섬기고 있다는 것을 말해 준다. 고통은 우리가 자유롭게 활발한 삶을 영위하도록 도와준다. 고통이 없다면 우리의 삶은 끊임없이 생명의 위험 가운데 있을 것이다.

고통은 우리에게 믿음을 요구한다. 예수님이 우리를 위해 고통을 함께 그리고 대신 받으셨다. 그 고통이 오히려 하나님에 대한 확실한 믿음을 가지게 한다. 그리고 교회를 통하여 고통받는 사람을 돌보면서 하나님의 위로와 사랑을 전하게 된다. 고통은 위장된 축복이다.

:(091018)

성공의 법칙

내가 먼저 대접하고 섬겨야 꿈이 이루어진다.
다른 사람들이 원하는 것을 먼저 추구할 때 내가 필요한 것을 얻게 된다.
내가 원하는 것이 남도 원하는 것이 되어야 한다.
내가 남을 성공시키면 내가 확실하게 성공하게 된다.
남을 행복하게 하면 내가 행복해진다.

서점에 가면 성공에 관한 책들이 즐비합니다. 많은 사람들이 성공과 행복에 관심을 가지고 있습니다. 그것은 잘못된 일이 아닙니다. 왜냐하면 누구나 성공하기를 원하고, 누구나 행복하기를 원하기 때문입니다.

성공과 행복은 인간의 본능입니다. 누가 실패하기를 원하고 누가 불행하기를 바라겠습니까? 하나님도 우리가 성공하기 원하시고, 행복하기 원하십니다.

하나님의 꿈을 이루고 나의 문제를 해결하는 법칙은 무엇일까요?

첫째는 소원의 법칙입니다. 좋은 것을 간절히 소원하면 그 믿음대로 소원이 이루어진다는 것입니다. 성경에도 믿음은 바라는 것, 즉 소원의 실상이라고 했습니다. 우리는 분명하게 바라는 것이 있어야 합니다. 마음에 그림을 그리든지, 아니면 비전보드와 같은 그림을 붙여놓고 소원하든지 강력한 열망이 있어야 합니다. 그것을 끌어당김의 법칙이라고도 합니다. 생각을 집중해서 우리가 원하는 것을 계속 생각하면 실제 현실에서 그 소원이 이루어질 확률이 많다는 것입니다. 시편 20장 4절에 보면 "네 마음이 소원대로 허락하시고 네 모든 계획을 이루어 주신다"고 하셨습니다. 빌립보서 2장 13절에는 "하나님께서 우리 마음에 소원을 두고 행하신다"고 했습니다. 마음속에 간절한 생각과 소원이 기적을 만듭니다. 요사이 이동통신의 광고 카피 중에 '생각대로' 라는 말이 있습니다. 인생은 생각대로 된다는 말입니다.

둘째는 잉태의 법칙입니다. 생각의 씨앗은 숙성되어야 합니다 우리의 소원이 이루어질 것이라는 강력한 믿음을 마음속에 품어야 합니다. 겨자씨만한 믿음이 잉태가 되어 자라면 산을 옮기는 믿음이 된다고 성경은 말씀합니다. 잉태의 가장 좋은 길은 묵상과 기도입니다.

인내와 끈기는 잉태의 본질입니다. 인내는 연단을, 연단은 소망을 이룬다고 성경은 말씀합니다. 인내를 온전히 이루면 조금도 부족함이 없이 구비될 수 있습니다. 새로운 길을 내기 위해서는 시간과 끈기와 반복이 있어야 합니다. 처음에는 길이 없을지라도 자꾸만 같은 곳을 걸어가면 편안한 길이 되는 것입니다. 우리의 소원의 수면 위로 성령께서 운행하시면 그것이 바로 영적 잉태의 사건이 되는 것입니다.

셋째는 행동의 법칙입니다. 소원하고 잉태하면 이제 행동할 차례입니다. 행동하지 않으면 공상과 망상에 불과합니다. 야고보 기자는 율법을 들여다보기만 하고 행하지 않는 자는 자유롭지 못하다고 했습니다. 행함이 없는 믿음은 한 마디로 죽은 믿음입니다. 우선 말부터 긍정적으로 선포해야 합니다. 그리고 구체적으로 실천해야 합니다. 정보와 지식보다 적용과 실천이 훨씬 더 중요합니다.

실천의 달인이 되기 위해서는 반복과 긍정과 지속의 원리를 끊임없이 행동으로 옮겨야 합니다.

두려움에도 불구하고 행동하는 것 /누구에게나 머물 것인지 떠날 것인지 /뛰어들 것인지 관망할 것인지 /선택해야 하는 순간이 옵니다. /세상이 변화의 거대한 용트림을 할 때, /그것에 정면으로 뛰어드는 것. /그 결단의 원동력이 되는 것은 바로 / ' 최상의 삶' 을 살고자 하는 열정입니다. /용기란 두려움이 없는 것이 아닙니다. /두려움에도 '불구하고' 행동하는 것입니다.

마지막으로 보상의 법칙이 있습니다. 내가 먼저 대접하고 섬겨야 꿈이 이루어진다는 것입니다. 다른 사람들이 원하는 것을 먼저 추구할 때 내가 필요한 것을 얻게 됩니다. 내가 원하는 것이 남도 원하는 것이 되어야 합니다. 내가 남을 성공시키면 내가 확실하게 성공하게 됩니다.

남을 행복하게 하면 내가 행복해집니다. 남에게 대접을 받고자 하면 먼저 남을 대접하라는 성경의 황금률을 지키는 자는 반드시 꿈을 이룰 수 있습니다. 먼저 하나님의 나라를 구하고, 먼저 다른 사람을 대접함으로 꿈을 이루는 위대한 리더가 되시기를 주님의 이름으로 축원합니다. :(20091213)

제 4 부

성도들이여,
세상의 리더가 되자

왕의 사역

리치 마샬이 쓴 〈왕의 사역〉을 읽고 도전을 받았습니다.

그 책의 주제는 평신도가 세상에서 왕으로서 하나님께 영광을 돌리는 내용입니다. 목회자는 제사장으로서 교회를 책임지고, 평신도 그 중에서도 사업가는 왕으로서 세상과 사회를 책임지도록 부름을 받았습니다. 즉 제사장은 비전을 제시하고, 왕은 양식을 공급합니다.

왕으로서 평신도는 그가 하는 사업이 곧 사역이 되어야 합니다. 진정한 부흥은 교회 안에서 목회자가 열심히 목회하는 것을 넘어서 평신도가 각자 일터에서 사도가 되고, 사역자가 되고 왕이 되어 하나님의 나라를 건설할 때 가능합니다. 그러한 주장은 가정과 도시를 거룩하게 하고 모든 성도를 일터사도로 세우고자 하는 성시교회의 목회철학과 동일합니다. 왕의 사역을 위해서는 어떻게 해야 할까요?

첫째, 하나님의 기름부으심을 받아야 합니다. 왕이란 기름부음 받은 자입니다. 기름부음 받았다는 것은 하나님이 택하셨다는 것을 의미합니다. 목회자만 부름받은 것이 아닙니다. 평신도도 부름받은 자입니다.

교회란 부름받은 자들의 모임입니다. 그러므로 평신도들은 마치 목회자가 교회의 사역을 위해 부름받은 것처럼 세상의 직업을 부름받은 사명으로 여겨야 합니다. 그럴 때 평신도는 왕이 되는 것입니다. 원래 직업(vocation)이란 사명(calling)을 의미합니다. 사람이 아닌 하나님의 소명을 절대 신뢰하면 세상의 모든 일이 주의 일이 되고 세상에서 다스리고 정복하는 왕의 삶을 살 수 있습니다.

둘째, 세상 권력이 아닌 하나님의 권세를 의지해야 합니다. 하나님은 신명기 17장 16절에서 "왕 된 자는 말을 많이 두지 말 것이요 백성을 애굽으로 돌아가게 말 것이라"고 했습니다. 말이란 세상의 권력과 힘과 능력을 상징합니다. 애굽으로 돌아가는 것은 세상의 풍습과 타협하는 것입니다. 즉 평신도가 왕의 삶을 살고 왕의 사역을 감당하기 위해서는 오직 하나님의 이름만을 자랑해야 합니다. 이 세대를 본받지 말고 변화를 받아 하나님의 선하시고 기뻐하시고 온전하신 뜻을 깨달아 그 뜻을 실천해야 합니다.

셋째, 거룩하고 깨끗하게 살아야 합니다. 왕은 아내를 많이 두지 말고 은금을 자기를 위하여 많이 쌓지 말라고 했습니다. 즉 쾌락과 물질과 명예의 포로가 되면 왕의 사역을 감당할 수 없다는 것입니다. 신학교에서 목회자가 조심해야 할 것이 3G라고 합니다. Gold(물질), Girl(여자), Glory(명예)가 그것입니다. 이 세 가지는 모든 사람이 추구하는 본능의 대상입니다. 세상에서 평신도가 왕같은 삶을 살려면 목회자와 마찬가지의 도덕성을 유지해야 합니다. 리더십이란 영향력입니다. 영향력을 행사하려면 도덕적으로 높은 수준을 가져야 합니다. 욕심과 탐욕을 이기기 위해서는 평신도가 직업이나 사업을 통해 얻은 첫열매(처음 수입)를 주님께 드리고 온전한 십일조를 생활화해야 합니다.

넷째, 하나님이 주시는 말씀을 묵상해야 합니다. 목회자뿐만 아니라 평신도도 왕이 되기 위해서는 하나님의 말씀을 날마다 받아야 합니다. 왕은 제사장으로부터 말씀을 받아야 합니다. 즉 교회에 나와 예배를 통해 하나님의 말씀으로 은혜를 받아야 합니다. 그리고 평생에 자기 옆에 성경을 두고 하나님의 음성을 들을 수 있어야 합니다. 왕이 세상에서 어떻게 살아야 할지 하나님은 날마다 가르쳐 주시기 원하십니다. 그것이 "자신이 등사한 율법"(신 17:18)입니다.

항상 말씀을 묵상하는 마음으로 읽고 배우고 지켜 행하는 것이 왕의 최우선순위가 되어야 합니다. "그리하면 그의 마음이 그 형제 위에 교만하지 아니하고 이 명령에서 떠나 좌로나 우로나 치우치지 아니하리니 그와 그의 자손의 왕위에 있는 날이 장구하리라".(신 17:20)

:(060813)

2020 비전(vision)

꿈이 없는 백성은 망하지만
꿈꿀 수 있는 사람은 그 꿈을 반드시 이룰 수 있다.
우리의 꿈은 이루어진다.

메리 크리스마스!

성탄절은 단지 즐거운 휴일이 아니다. 예수님이 나의 인생 마구간에서 다시 태어나시는 날이다. 그래서 성탄을 통하여 내 인생이 주전(BC)에서 주후(AD)로 바뀌듯 전혀 새로운 삶의 차원으로 바뀌는 날이다.

성탄절이 일 년의 마지막 주에 놓여 있는 것은 또 다른 의미에서 축복이다. 왜냐하면 성탄절은 새로운 한 해를 일주일 남겨두고, 묵은해를 정리하고 새로운 결심을 할 수 있는 가장 적절한 시즌이기 때문이다.

엊그제 나의 영원한 영적 스승이신 조용기 목사님 내외와 함께 영목회 제자들이 송년회 모임을 가졌다. 조용기 목사님께서는 그곳에서 연말연시를 맞이하여 우리 목회자부터 지난 과거의 쓰레기를 청산하고 새로운 마음가짐을 가질 것을 당부하셨다.

조용기 목사님 말씀의 초점은 예수님의 십자가이다. 십자가 중심으로 자신을 새롭게 하라는 것이다. 십자가의 핵심은 용서와 사랑이다. 내가 십자가를 통해 하나님의 용서와 사랑을 받았듯이 나도 남을 용서하고 사랑하라는 것이다. 그래서 더욱 예수님을 닮아가고 예수님처럼 살라는 것이다. 목사로서 큰 교회를 세우고 아무리 많은 사람들을 모으더라도 예수님이 그 삶에 없으면 아무것도 아니라는 것이다. 목회를 잘 하려고 하지 말고 예수님을 본받기에 최선을 다하라는 것이다.

익히 잘 알고 있는 메시지이지만 새삼스럽게 은혜를 받고 다가오는 2007년부터, 아니 지금 이 시간부터 그런 삶을 살 것을 결심했다. 그러면서 내 마음에 불꽃이 튀면서 이른바 "2020 비전"을 받게 되었다. 그래서 얼른 수첩에 적었다.

그 내용은 이렇다. 성시교회를 앞으로 힘 있게 목회하는 기간을 20년 이내로 잡고, 2020년까지 '2만 2천2백2십 목표를 달성하리라' 는 결심이다.

"2만 명의 성도와, 2천 명의 리더를 세우게 하옵소서!"
"2백 개의 청지기 기업을 세우고, 2십 개의 지교회 혹은 지성전을 세우게 하옵소서!"

2만 명의 성도, 2천 명의 리더, 2백 개의 기업, 2십 개의 번영하는 교회를 세워서 '2만 2천2백2십(22220)' 이 되어 하느님의 영광을 이 땅에 실현케 하는 것이다.

이 가운데 새롭게 다가오는 것이 우리 성도들 중에 세계적으로 쓰임 받는 청지기 기업인을 2백 명 이상 반드시 세운다는 것이다.

성시화 비전 중에는 세상의 엄청난 물질의 이동이 하나님이 기름 부으신 평신도 일터 사도에게 임할 것이라는 내용이 있다. 개인을 성공시키고, 가정을 행복하게 하고, 도시를 거룩하게 하고, 조국을 부강하게 하기 위해서는 엄청난 물질이 필요하다. 그 물질을 책임질 왕을 2백 명 이상 세우라는 것이다.

물론 숫자의 유혹과 허상을 잘 알고 있다. 그러나 예수님도 숫자에 대해 무관심하지 않으셨다. 하나님이 허락하신 거룩한 숫자인 것이다. 이 숫자를 목표로 정하고 달성할 때 2020 비전이 이루어질 것이다.

그 비전을 이루기 위한 2007년도 목표는 다음과 같다.

첫째, 출석 성도 2,000명

둘째, 알파 전도 1,000명

셋째, 팀장 리더 200명

그리고 성전 부지 확보

꿈이 없는 백성은 망하지만 꿈꿀 수 있는 사람은 그 꿈을 반드시 이룰 수 있습니다. 우리의 꿈은 이루어집니다! 아멘~ :(061225)

좋은 정책이 좋은 세상을 만든다

예배와 교제와 훈련과 사역과 선교라는 목적이 이끄는 교회가 되어야 한다.
이 모든 것은 탁월한 교역자와 신실한 평신도 사역자라는
사람의 자원으로 뒷받침되어야 한다.

세상만사를 바라보면 모든 결과에는 그 원인이 있음을 알게 된다. 좋은 결과에는 좋은 원인이 있고 나쁜 결과에는 나쁜 원인이 있다. 한 나라의 흥망성쇠도 그 결과에는 그 나라의 지도자가 선택한 정책이라는 원인이 내재되어 있다.

우리나라의 예를 들어보자. 오늘 우리 대한민국이라는 국가에 나타나는 삶의 모습은 오래전 혹은 몇 년 전에 정부 지도자들이 선택한 정책의 결과인 경우가 대부분이다. 가장 큰 문제 중의 하나인 양극화도 그렇다.

최근 정부 자체조사에 의해서도 양극화는 점점 더 심화되고 있는 것으로 나타나고 있다. 지난 십년간 중산층은 점점 무너지고 빈곤층은 두 배 이상 늘어났다. 정부의 복지예산은 더 늘어났지만 사람들의 삶의 질은 더 나빠졌다. 이른바 분배정책의 결과가 나타난 것이다. 고성장을 추구하는 정책을 포기하고 일자리를 더 많이 만들어내는 경제 지상주의를 소홀히 한 정책의 결과 경제적으로 어려움이 닥치고 있는 것이다.

언론은 연일 대한민국의 경제를 어둡게 전망하고 있다. 고도성장의 중국과 오랜 기간의 침체기를 완전히 벗어난 일본 사이에 낀 우리나라는 빠르면 몇 년 길어봐야 십년, 이십년 이내에 밀려날 운명에 처해있다고 전문가들은 우려하고 있다. 오늘 뉴스에도 선박수주 세계 1위의 자리를 중국에 넘겨주고 말았다는 어두운 소식을 전하고 있다.

말도 많은 부동산 문제나 전 국민에게 고통을 주고 있는 교육문제도 마찬가지이다. 더 이상 거론하기도 싫을 정도로 정책의 부재 혹은 잘못된 정책, 아니면 너무나도 자주 바뀌는 정책의 혼선 등으로 오늘 우리와 우리 자녀들은 행복지수 최하위의 삶을 살아가고 있는 것이다.

나라 밖의 문제도 매한가지이다. 미국의 부시 대통령이 선택한 정책 중의 가장 골칫거리가 이라크 전쟁의 개입이다. 매월 8조원이라는 거금이 투입되는 이라크 전쟁이 4년이나 넘어가는데도 여전히 해결이 되고 있지 못하다. 십만 명이 훨씬 넘는 군인을 파견했는데도 더 많은 군대를 추가 파병해야 한다고 한다. 돈은 돈대로 낭비하고 미군의 전사자만 수천 명이 넘어가고 있지만 이라크는 여전히 내전 상태이다. 잘못된 정책의 결과인 것이다.

교회건축 문제를 가지고 목사님들과 대화를 나눈 적이 있다. 학교의 강당을 성전으로 쓰고 교회에서는 학교를 후원하는 형태가 가장 좋은 성전확보의 길인데 학교에서 법적으로나 전교조 때문에 거의 불가능하다는 것이다. 앞으로 교회에서 입법자들과 정치 지도자들을 많이 키워서 학교와 교회가 연계할 수 있는 법을 만드는 것이 필요하다.

개인이나 기업이 교회를 후원하고 싶어도 소득의 5% 이내라는 법 때문에 기부를 마음대로 할 수 없다고 한다. 미국처럼 좋은 일에 무한대로 기부할 수 있는 정책이 만들어져야 한다. 모든 일상생활에 법과 정책이 얼마나 큰 영향을 미치는지 모른다. 최근 불거진 부동산 법과 종부세 등이 그 대표적인 예이다.

좋은 정책을 만들기 위해서는 좋은 리더십이 세워져야 한다. 정책은 리더십의 표현이기 때문이다. 리더십의 3대 요소는 목적(purpose), 원리(principle), 사람(people)이다. 목적이 분명해야 한다. 불변의 원리가 존중되어야 한다. 유능한 사람을 키워야 한다.

교회도 마찬가지이다. 예배와 교제와 훈련과 사역과 선교라는 목적이 이끄는 교회가 되어야 한다. 성경적이면서도 실용적인 목회원리가 지켜져야 한다. 하나님을 높이는 예배와 사람을 세우는 소그룹이 핵심적인 원리이다. 이 모든 것은 탁월한 교역자와 신실한 평신도 사역자라는 사람의 자원으로 뒷받침되어야 한다.

주여, 우리의 삶에 좋은 정책으로 충만하게 하소서! 성시화가 이루어지게 하소서!   :(070325)

홍콩의 611교회를 다녀와서

611교회는 전형적인 신사도적 개혁교회였다.
신사도적 개혁교회란 와그너 박사가 분류한 교회로서
초대교회의 성령의 역사가 재현되는 교회이다.

홍콩의 611교회를 다녀왔다. 611교회는 이사야서 61:1의 말씀을 비전으로 시작한 교회이다.

이사야서 61장 1절의 말씀은 다음과 같다.

"주 여호와의 영이 내게 내리셨으니 이는 여호와께서 내게 기름을 부으사 가난한 자에게 아름다운 소식을 전하게 하려 하심이라, 나를 보내사 마음이 상한 자를 고치며 포로된 자에게 자유를, 갇힌 자에게 놓임을 선포하며..."이다.

이 말씀은 사실상 3절까지 읽어야 그 문맥이 완전해진다.

"여호와의 은혜의 해와 우리 하나님의 보복의 날을 선포하여 모든 슬픈 자를 위로하되 무릇 시온에서 슬퍼하는 자에게 화관을 주어 그 재를 대신하며 기쁨의 기름으로 그 슬픔을 대신하며 찬송의 옷으로 그 근심을 대신하시고 그들이 의의 나무 곧 여호와께서 심으신 그 영광을 나타낼 자라 일컬음을 받게 하려 하심이라."

이 교회의 담임은 장여호수아 목사님으로 52세이다. 캐나다 밴쿠버에서 중국인 목회를 16년간 했으나 실패했다고 한다. 성도들로부터 교회를 떠날 것을 요구받을 정도였다고 한다. 그러나 1999년도에 성령체험을 한 후로 완전히 달라졌다. 미국 콜로라도 스프링스에 있는 와그너 리더십 학교에서 1년의 수련을 쌓은 후 하나님의 비전을 받고 2001년도에 홍콩에 교회를 개척해서 현재 1천여명의 출석성도를 가진 교회가 되었다. 개척한 지 5년여 만에 그만큼 성장한 것은 홍콩에서 가장 빨리 성장한 경우에 해당한다.

교회성장의 비전을 가진 장 목사님과 20여명의 성도들이 작년 11월에 한국교회를 탐방했다. 10개의 대형교회를 탐방한 후에 마지막으로 우리 성시교회를 방문했다. 그 때 점심을 대접해 드리고 간단한 세미나를 인도했는데 그들에게 성시교회가 매우 인상적이었다고 한다. 당시 식사하면서 초청한 것이 계기가 되어 이번에 홍콩교회를 방문하게 되었고 결과는 아주 흡족했다. 성도들이 큰 은혜를 받았고, 특히 장 목사님과 스텝들이 교회성장의 비전을 더 확실하게 가졌다고 한다. 성장의 4대 사이클, 교회성장의 7M 원리, 건강한 교회의 5대 자화상, 성공자의 자화상 등에 대해 말씀을 전했는데 모두 갈급하고 사모하는 분위기였다.

611교회는 전형적인 신사도적 개혁교회였다. 신사도적 개혁교회란 와그너 박사가 분류한 교회로서 초대교회의 성령의 역사가 재현되는 교회이다. 장로나 권사, 집사와 같은 직분보다는 사도, 선지자, 복음전하는 자, 목사와 교사의 직책(엡 4:11)이 실제 은사와 사역으로 나타나는 것을 강조한다.

예배 시간이 보통 3시간에 가까운데 찬양과 예언과 치유와 사역이 메시지와 함께 충만하게 나타난다. 기도받거나 간증하기 원하는 사람을 불러내면 서슴없이 많은 성도들이 앞으로 나가고, 그 사람들을 각각의 사역자가 개인적으로 안수하며 기도해 준다.

이 교회의 예배와 사역을 보면서 몇 가지 도전을 받았다. 더욱 은혜로운 찬양사역이 개발되어야 할 것, 성령의 은사와 치유사역을 적극적으로 실행할 것, 담임목사를 지원하는 충성스러운 제자들을 확실하게 훈련할 것 등의 세 가지가 이번 선교여행에서 새롭게 결심한 목회 노하우이다.

특히 담임목사의 비전과 사역을 함께 감당하는 제자들이 많은 것이 가장 부러웠다. G12라고 해서 사역자 12제자 그룹이 받쳐주고, M12라고 해서 실업인 12제자 그룹이 장여호수아 목사의 목회와 삶을 위해서 목숨을 걸고 있다. 장 목사는 그들을 자신의 제자로 소개하고, 사역자들은 자신을 장 목사의 제자라고 서슴없이 소개하는 모습이 인상적이었다.

앞으로 성시교회에서도 진정한 제자와 사역자와 리더를 세우는 일에 올인하게 될 것이다.   :(070401)

일터변혁(workplace transformation)

그리스도인은 세상을 변혁시키는 리더가 되어야 한다.
그것이 바로 성시화의 개념이요 일터교회의 본질이다.
한국교회가 생존을 넘어 제 2의 부흥을 이루기 위해서
교회는 주일과 건물에서 평일과 일터로 뛰어나와야 한다.

한국교회가 일터교회로 변혁하는 것은 이 시대를 향한 하나님의 뜻이라고 확신합니다. 한국교회의 성장흐름은 네 가지 단계로 분석할 수 있습니다.

1단계는 1960년대까지의 복음화 흐름입니다. 예수 믿고 구원받아 하나님의 자녀가 되는 복음이 활발했습니다. 2단계는 1980년대까지의 성령화입니다. 성령운동이 한국교회를 덮는 가운데 폭발적인 부흥이 일어났습니다. 3단계는 2000년도까지의 제자화입니다. 제자훈련의 열풍으로 평신도를 깨워 교회의 일꾼이 되게 하는데 크게 공헌했습니다.

이제 2000년도 이후 21세기는 성시화의 흐름이 흐르고 있습니다. 교회가 세상의 리더가 되는 것이 성시화입니다. 주일중심의 성전교회가 평일중심의 삶의 현장과 일터교회가 되는 것입니다.

저는 제가 개척한 성시교회에서 목회의 기본철학을 '평신도의 일터사도화'로 삼고 있습니다. 기독교 신앙이란 세 가지 헌신을 요구합니다. 첫째가 그리스도에 대한 헌신입니다. 둘째는 교회에 대한 헌신입니다. 그리고 셋째는 세상 속에서 그리스도의 사역에 대한 헌신입니다. 이것을 저는 C=C+C+C 라는 등식으로 설명합니다. Commitment to Christ, Church and City(그리스도와 교회와 도시에 대한 헌신)라는 것입니다.

여기서 City, 도시는 세상, 구체적으로 일터를 말합니다. 일찍이 미국의 기독교윤리학자 리차드 니이버는 그의 명저 'Christ and Culture'에서 세상을 Culture 즉 문화로 표현하면서 교회와 세상과의 관계를 그리스도와 문화의 관계로 설명하는 가운데 가장 바람직한 관계는 Christ, the Transformer of Culture, 즉 그리스도는 문화의 변혁자라고 소개한 바 있습니다. 세상이 City 도시로 표현되든 Culture 문화로 표현되든 우리 그리스도인은 세상을 변혁시키는 리더가 되어야 합니다. 그것이 바로 성시화의 개념이요 일터교회의 본질입니다.

옥한흠 목사님은 교회가 바로 평신도요 평신도가 바로 교회이며 그렇기 때문에 평신도를 깨우는 것이 교회가 교회되는 것이라고 주장했습니다. 그런데 그 평신도가 가장 많이 머무르는 곳이 가정과 일터입니다. 평신도가 교회라면 평신도가 24시간 살고 있는 가정과 일터가 교회가 되어야 마땅합니다.

한국교회가 생존을 넘어 제 2의 부흥을 이루기 위해서도 교회는 주일과 건물에서 평일과 일터로 뛰어나와야 합니다. 이 같은 사명을 이루기 위해서 하나님께서는 동시다발적으로 일터교회, 일터사도의 비전을 내려주시고 계십니다.

저는 제 은사인 피터 와그너 박사의 일터사도를 세우는 목회비전으로의 변혁에 도전과 충격을 받았습니다. 7년간 나를 가르쳐서 학위를 주셨던 와그너 박사의 모든 교회성장론의 근본이 바뀐 것입니다. 그 시점이 내가 교회를 개척한 시기와 일치하는 것에 대해 하나님의 소명으로 알고 있습니다. 저의 사명은 목회현장에서 평신도를 일터사도로 세우는 사역을 하는 것 외에 이 땅의 목회자들이 일터교회의 교회론과 일터사도의 목회철학을 가지도록 도와드리는 것이라고 생각하고 있습니다.

이 컨퍼런스가 단순한 행사로 끝나지 않기를 바랍니다. 교회가 일터교회가 되어야 하고, 성도가 일터사도가 되어야 한다는 하나님의 새 비전을 담을 새 부대가 마련되어야 한다고 생각합니다.

개인적으로 저는 그 같은 새 비전을 신학적으로, 목회철학적으로 정립하여 그 누구보다 목회자를 깨우는 일에 일조하는 미래가 되기를 소원합니다. 평신도가 아무리 애써도 목회자가 이끌어주지 않으면 어떤 평신도 운동도 허무하게 될 것입니다.

아무쪼록 일터변혁 컨퍼런스가 평신도를 깨우는 평깨운동과 목회자를 깨우는 목깨운동의 촉매가 되고 시발점이 되기를 주님의 이름으로 기원하면서 축사를 대신합니다. 감사합니다.

-일터변혁 컨퍼런스 2008을 위한 축사 중에서-

:(080203)

대통령과 제자훈련

한 사람만 제대로 구원해도 천하를 얻는 것이다.
모든 족속으로 제자를 삼으라는 주님의 지상명령을 실행하는 것은
대통령의 임무를 수행하는 것 못지않게 가치있다.

2008년 2월 25일에 대한민국 제 17대 대통령 취임식이 있었다. 취임식 중계를 보면서 대통령을 진심으로 축복했다.

박정희 대통령 이후 여러 명의 대통령 취임을 지켜보았지만 이번만큼 '나의 일'로 여기며 기대하고 기도하고 축복해 준 것은 처음이다. 추운 날씨에 5만 명 가까운 축하 참석자 앞에서 한 시간 넘게 대한민국을 책임지겠다고 선서하고 취임사를 전하는 모습에 계속 주님의 이름으로 축복을 보냈다.

취임식을 보면서 마치 예배를 드리는 것처럼 느껴졌다. 국기와 선열에 대한 묵념은 묵도 같고, 애국가는 송영 같고, 취임사는 설교 같고, 정명훈 지휘자의 연주와 합창은 성가대 찬양 같았다.

진정 온 민족이 복음화 되어 대통령 취임식이 구체적으로 하나님께 영광 돌리는 취임예배가 된다면 얼마나 좋을까. 그렇지는 못해도 확실하게 거듭난 기독교 장로가 가장 필요할 때 가장 큰 기대를 받는 국가의 최고 지도자로 취임한다는 것 자체가 하나님께 큰 영광임에 틀림없을

것이다. 수많은 사람들에게 악수하며 카퍼레이드 중에 손을 흔드는 이 대통령의 모습을 보면서 축복과 함께 연민을 느꼈다.

엄청난 기대와 요구를 받아야 하는 대통령의 자리가 얼마나 힘들고 어려울까. 아무쪼록 국민을 섬기고 조국을 선진화시키고 경제부흥, 사회적 통합, 조국통일, 그리고 인류에의 공헌까지 책임지겠다는 새 대통령의 꿈이 절반만이라도 이루어지게 해달라고 진심으로 기도해 본다.

그러면서 대통령의 리더십을 제자훈련에 연결해본다. 현재 총 다섯 반에서 진행되고 있는 제자훈련이(적어도 나와 성시교회에게 있어서는) 대통령의 리더십 못지않게 가치 있고 중요하기 때문이다.

훌륭한 대통령이 되기 위해서는 다섯 가지가 필요하다고 생각한다.

첫째는 소명이다. 사람이 투표해서 뽑은 것이 아니라 하나님의 섭리 가운데 이 나라에 허락된 지도자여야 한다.

둘째는 목적이다. 대통령이 왜 자기가 대통령이 되었는지 그 목적에 충실해야 한다. 그의 사상과 생각과 비전이 목적이 선서대로 헌법을 준수하고 국가를 보위하고 국민을 섬기는 것에 집중되어야 한다.

셋째는 능력이다. 지식이나 업무수행능력 그리고 도덕성 등에 탁월하고 신실해야 한다. 무능력자가 최고 지도자가 되는 것은 국가 최대의 재앙이다.

넷째는 사람이다. 대통령 혼자 모든 것을 책임지는 것은 자살행위이다. 대통령 주위에 대통령을 돕고 지원하는 최고 엘리트의 참모가 포진되어야 한다. 대통령은 일을 많이 하는 자가 아니라 주위 사람들에게 일을 효과적, 효율적으로 하게 하는 진정한 지도자가 되어야 한다.

마지막 다섯째는 집념과 끈기이다. 시련이 닥칠 때 쉽게 포기하는 자가 아니라 사명과 비전을 끝까지 누가 뭐라고 해도 밀고 나가야 한다.

제자훈련도 마찬가지이다. 목사인 나 자신부터 예수 그리스도의 제자요 사역자가 되겠다고 하는 영적 리더는 대통령 못지않은 리더십의 확신을 가져야 한다. 한 사람만 제대로 구원해도 천하를 얻는 것이다.

모든 족속으로 제자를 삼으라는 주님의 지상명령을 실행하는 것은 대통령의 임무를 수행하는 것 못지않게 가치있다. 섭리(Providence), 목적(Purpose), 능력(Power), 사람(Person), 끈기(Persistence), 이 다섯 가지 5P가 담임목사를 비롯한 모든 제자훈련생, 더 나아가 모든 성도들에게 충만하여 개인을 성공시키고 가정을 행복하게 하고 도시를 거룩하게 하며 조국을 부강하게 하는 성시교회의 꿈을 이루기를 대통령 취임식 날 주님께 기도드린다.

대통령을 키우는 심정으로 제자훈련하게 하소서. God bless our president! :(080302)

성시교회의 자화상

성시교회의 목표는 모든 성도가 '3H 주십소 일터사도' 가 되는 것이다.
거룩하고(Holy), 행복하고(Happy), 건강한(Healthy) 주일성수, 십일조, 소그룹(구역)
신자가 되어 세상의 가정과 일터에 보냄을 받은 사도의 삶을 살아
하나님의 나라를 건설하는 위대한 인생이 되는 것이다.

● 새가족에게 보내는 편지

성시교회에 처음 오신 여러분을 환영합니다. 저는 성시교회 담임목사 명성훈입니다. 성시교회에서 여러분을 만난 것은 하나님의 특별한 은혜요 섭리(뜻)입니다.

성시교회는 2005년 9월 12일에 창립되었습니다. 911테러 다음날로 기억하면 잊어버리지 않습니다. 사탄의 영적 공격과 테러를 이기는 교회로 하나님께서 세우셨다고 자부합니다.

저는 어렸을 때 주님을 영접하고 여의도순복음교회에서 성장했습니다. 1964년부터 2005년까지 40년간 여의도순복음교회에서 은혜 받고 사역했습니다. 영적 아버지이신 조용기 목사님의 사랑과 배려로 미국 홀러신학교에서 박사학위(Ph.D.)를 1990년에 받고 귀국하여 여의도순복음교회 부목사, 한세대학교 교수, 교회성장연구소 소장 등을 역임했습니다. 하나님께서는 순복음의 오순절 신앙에 기초와 뼈대를 이루게 하시고(여의도교회, 순복음신학교), 가톨릭적 전통도 경험하게 하시고

(서강대학교), 웨슬레의 냉철한 신학과 뜨거운 신앙을 열어보게 하시고 (감리교신학대학원), 장로교를 극복한 초교파 선교지향적 신복음주의로 도 무장시켜 주셨습니다(미국 Fuller Theological Seminary).

이렇게 장황하게 담임목사를 스스로 소개하는 것은 목사를 잘 알아야 교회생활에 유익이 되기 때문입니다. 오늘의 교회는 교단이나 교파보다는 그 교회를 대표하는 담임목사의 교회론과 목회철학에 많이 좌우되기 때문입니다.

조 목사님의 명령에 따라 죽전 이곳에 교회를 개척하면서 성시화 비전을 이루기 위해 교회 이름을 '성시교회'(Holy City Church)라고 지었습니다. 성시화 비전이란 "교회(평신도)가 세상의 리더가 되는 것"입니다.

성시화 비전을 이루기 위해서는 첫째 예수 믿고 하나님의 자녀가 되고(복음화), 둘째 성령 받고 예수님의 증인이 되고(성령화), 셋째 훈련받고 교회의 일꾼이 되는(제자화) 단계를 거쳐야 합니다. 그럴 때 교회의 파송을 받고 세상의 리더(성시화)가 될 수 있는 것입니다.

성시교회의 표어는 "개인을 성공시키고 가정을 행복하게 하고 도시를 거룩하게 하고 조국을 부강하게 하는 교회"입니다. 성시화의 개념이 바로 개인과 가정과 도시와 국가 전체를 복음화하고 복지화하자는 것입니다.

이를 위해서 성시교회는 창립 때부터 '2020 비전'을 외치고 있습니다. 2020년까지 2만 명의 성도, 2천 명의 리더, 2백 개의 기업, 2십 개의 교회를 개척하는 것입니다.

성시교회에 오는 성도는 과거의 신앙경력과 직분에 관계없이 새가족교육(4주 과정)을 받아야 합니다. 그 이후에 성경 전체를 입문하는 '일독성경학교'(5개월)와 교리 및 교회생활을 안내하는 '제자양육학교'(5개월)를 마치도록 되어 있습니다. 특히 제자양육학교는 담임목사가 목회철학과 교회생활에 대해서 같은 마음을 가지도록 직접 교육합니다. 그런 다음 제자훈련(1년)과 사역자훈련(1년)을 거쳐 구역팀장과 교회의 사역자가 될 수 있습니다.

성시교회는 이처럼 각 사람을 그리스도 안에서 온전한 자로 세우기 위한 교육훈련과정이 있습니다. 요약하면 '새가족교육 − 성경학교/양육학교 − 제자훈련 − 사역자훈련(그 이후 성시아카데미)' 으로 전체를 다 마치는데 총 3년 가량 걸립니다.

이렇게 3년 이상 담임목사와 한 마음 한 뜻으로 훈련받은 사람만이 성시교회의 실제적인 사역자와 직분자가 될 수 있습니다. 성시교회는 모든 성도가 '3H 주십소 일터사도' 가 될 것을 요청합니다. 거룩하고(Holy), 행복하고(Happy), 건강한(Healthy) 주일성수, 십일조, 소그룹(구역) 신자가 되어 궁극적으로 세상의 가정과 일터에 보냄을 받은 사도의 삶을 살아 하나님의 나라를 건설하는 위대한 인생이 되는 것입니다.

여러분이 바로 그러한 인생입니다! :(080413)

별세신앙, 별세목회

나의 별세는 내 야망이 죽고, 주님의 꿈이 다시 살아나는 체험이다.
학문이 아닌 복음에, 실력이 아닌 성령에, 출석 숫자가 아닌 그리스도의 제자에,
교회 크기가 아닌 일터사도의 성시화에 모든 것을 거는 목회로 전환되는 것,
그것이 내가 요즘 겪는 별세의 체험이다.

'별세(別世)'란 고 이중표 목사님의 목회 브랜드이다. 이중표 목사님은 2005년 7월 7일 67세로 천국 가신 기장측 한신교회 개척목회자이다. 생전에 나는 이 목사님과 몇 차례 가까운 만남을 가졌다.

그가 개척한 한신교회는 기장측 최대의 교회이다. 그 교회에 서너차례 초청을 받아 설교하고 강의했었다. 그럴 때마다 이 목사님은 나를 반갑게 맞았고, 늘 과분한 칭찬을 해 주셨다. 특히 교회성장연구소 소장으로 동분서주할 때 한국교회를 위해 귀한 사역을 한다며 격려를 아끼지 않으셨다. 언젠가 여의도순복음교회에서 이 목사님이 설교할 때 내가 사회를 본 적이 있었다.

그 때 조용기 목사님도 함께 강단에 계셨는데 이 목사님이 나에 대해 특별한 인정과 칭찬을 해 주시는 통에 기분도 좋았지만 민망해서 어쩔 줄 몰랐던 기억이 새롭다. 평생 별세신앙과 별세목회를 부르짖던 이 목사님은 그래서 그랬던지 담관암으로 큰 고생을 하시더니 상대적으로 이른 나이에 세상에 별세하시고 별난 나라 천국으로 일찌감치 이사하

신 것이다. 이 목사님이 세운 한신목회개발원에서 주관하는 목회자 세미나에 몇 번 강사로 섬긴 적이 있었는데 지난달 말 몇 년 만에 다시 초청되어 '별세체험과 건강한 목회'라는 제목으로 나의 별세체험 중심으로 강의했다.

목회자들은 목회성공 이야기만 하면 오히려 마음이 답답해진다고 한다. 이번에 나는 성시교회를 개척하면서 겪은 어려움에 대해 솔직히 토로했다. 이전에 경험하지 못했던 연약과 실수와 실패에 대해서 진솔하게 고백했다.

교회성장 전문가로 알려진 내가 실제 목회현장에서 겪는 어려움을 있는 그대로 표현하자 많은 목회자들이 오히려 위로와 용기를 얻게 되었다. 대다수의 목회자들은 목회 때문에 행복하기보다 목회로 인해 고통과 시련과 상처를 입는다. 가장 큰 고통은 교회가 마음대로 성장하지 않는 현실의 어려움이다.

요즘 교회개척 성공률이 10프로에 지나지 않는다고 한다. 4만개가 넘는 한국교회 중 장년출석 성도가 3백 명이 넘는 교회가 6%가 되지 않는다고 한다. 성시교회를 개척하면서 나도 내 뜻대로 되지 않는 일이 많아졌다. 지금까지 살면서 거의 내 목표대로 순탄하게 이루어져 왔는데 개척목회만큼은 내 기대치에 훨씬 미치지 못하고 있다. 이런 일련의 과정을 통해 나는 이중표 목사님의 '별세'의 체험을 하고 있다.

별세란 그리스도와 함께 죽는 십자가 체험이다. 별세는 모든 지도자가 반드시 겪는 '죽음의 체험'(death experience)이기도 하다. 고난이나 질병 혹은 핍박이나 투옥 등 자신이 깨어지고 죽어지는 과정을 통해

인생과 삶이 새로워지는 긍정적 체험이다. 예수님의 십자가는 그 자체로 끝나지 않고 부활이라는 새로운 세상으로 이어진다. 그리고 그 십자가와 부활의 사건은 수많은 죽어가는 사람을 살리는 기적의 통로로 완성된다. 그런 면에서 별세란 '죽고 살고 살리는' 영적 결정적 사건이다.

바울은 그 별세의 체험을 갈라디아서 2장 20절에서 "내가 그리스도와 함께 십자가에 못 박혔나니 그런즉 이제는 내가 산 것이 아니요 내 안에 그리스도께서 사신 것이라. 이제 내가 육체가운데 사는 것은 나를 사랑하사 나를 위하여 자기 몸을 버리신 주님을 위해 사는 것이라"고 고백했다.

나의 별세는 내 야망이 죽고, 주님의 꿈이 다시 살아나는 체험이다. 큰 교회를 이루고자 하는 욕심이 깨지고 오직 하나님의 뜻을 이루고자 하는 일념이 살아난다.

숫자와 규모에 대해 죽고, 한 영혼을 사랑하고 세우고 완성시키는 목회본질에 충실하고자 결심한다. 학문이 아닌 복음에, 실력이 아닌 성령에, 출석 숫자가 아닌 그리스도의 제자에, 교회 크기가 아닌 일터사도의 성시화에 모든 것을 거는 목회로 전환되는 것, 그것이 내가 요즘 겪는 별세의 체험이다. :(080608)

성시교회 창립 3주년

모든 것은 겪어야 하고 지나가야 한다.
하나씩 하나씩, 한 사람 한 사람씩 세워나가야 한다.
쉽게 사람이 모여서 설교만 잘해서 교회가 부흥된다면
내가 아무리 노력해도 교만의 성에서 내려올 수 없을 것이다.
결국 목회는 하나님의 은혜요, 그 은혜를 받을 그릇이 되어야 한다.

성시교회는 2005년 9월 12일에 창립되었습니다. 이번 주로 창립 3주년이 됩니다. 이번 3주년에는 대내외적으로 다른 행사가 없습니다. 2주년까지는 창립 기념 부흥회를 가졌습니다. 그러나 이번에는 자체 행사로 감사예배를 드리고 용인 실내체육관에서 한마음 축제를 가지기로 했습니다.

성경에 범사에 감사하라고 했습니다. 그러므로 무조건 지난 3년을 감사합니다. 많은 시행착오가 있었는데 그것도 감사합니다. 처음 몇 십 명이 모이던 예배가 이제 몇 차례에 걸쳐 예배를 드리게 된 것을 감사합니다. 지난 3년 동안 교회운영에 적자가 나지 않은 것에 감사합니다. 모든 필요를 채워주신 하나님께 감사합니다. 첫해만큼 성장하지 못한 지난 2년 때문에 가슴앓이 한 것도 감사합니다. 교회의 현재 모습보다 담임목사로서 나 자신의 변화에 감사합니다.

누가 물었습니다. 교회를 개척하면서 가장 어려운 점이 무엇이냐고. 큰 교회 부목사로 있다가 낮은 자리로 내려오는 것이 가장 힘들다고 했습니다. 옛날에는 모아놓은 사람들 앞에서 설교만 잘하면 되었습니다. 목회환경과 시스템이 잘 되어 있는 상황에서 말씀만 잘 전하면 인정과 칭찬과 대접을 받을 수 있었습니다. 만나고자 하는 사람, 초청하는 기관과 부서가 줄을 이었습니다.

그러나 이제 모든 것을 내 스스로 해야 합니다. 사람을 초청하고 모으고 동원하고 대접하는 것을 스스로 해야 합니다. 빈 자리를 놓고 설교도 해야 합니다. 새가족이 유입되지 않는 것에 스트레스를 받기도 합니다. 잘 나오던 성도가 바람과 함께 사라질 때 가슴이 멍합니다. 아무리 독촉해도 움직이지 않는 성도들을 보면 화가 나기도 합니다.

그러나 이 모든 것에 이제는 감사하렵니다. 그리고 받아들이렵니다. 결국 모든 것은 겪어야 하고 지나가야 합니다. 하나씩 하나씩, 한 사람 한 사람씩 세워나가야 합니다. 지난 3년 동안 깨달은 것은 절대로 무임승차할 수 없다는 것입니다. 쉽게 사람이 모여서 설교만 잘해서 교회가 부흥된다면 내가 아무리 노력해도 교만의 성에서 내려올 수 없을 것입니다. 결국 목회는 하나님의 은혜요, 그 은혜를 받을 그릇이 되어야 함을 깨달은 것입니다.

이제 3주년을 맞이해서 무엇을 어떻게 해야겠다는 생각이 없어졌습니다. 단지 하나님께 인정을 받아야겠다는 일념뿐입니다. 세 가지를 회복하기를 소원합니다.

첫째가 예배의 회복입니다. 모든 예배가 하나님의 은혜 자체가 되기를 소원합니다. 예배가 성시교회의 최고의 가치가 되기를 소원합니다. 주일예배, 수요예배, 구역예배가 회복되기를 소원합니다.

둘째가 기도의 회복입니다. 성시교회가 기도하는 교회로 소문나기를 소원합니다. 새벽기도에 300 기도용사가 회복되기를 소원합니다. 목숨을 걸고 날마다 새벽을 깨우는 기드온 용사가 채워지기를 소원합니다. 금요 철야기도에 기도꾼들이 모이기를 소원합니다. 최소한 하루에 한 시간 이상 기도의 양을 채우는 것이 상식이 되기를 소원합니다.

셋째가 전도의 회복입니다. 예배를 잘 드리고 기도를 제대로 드렸다면 성령이 함께 할 것이며 그 결과는 복음을 전하는 것입니다. 모든 성도가 최소한 1년에 1명 이상씩 전도하는 교회가 되기를 소원합니다.

내년에는 세례자가 지금 성도보다 많아지기를 소원합니다. 1사람이 1명씩 감사절까지 전도하여 새가족 교육을 마치게 하여 성탄절에 아기 예수께 선물로 드리는 '11감성' 운동이 전개되었으면 합니다.

마지막으로 모든 성도가 가정과 일터에서 빛과 소금이 되는 일터사도 세우기, 즉 성시화 목회가 정립되는 새로운 한 해가 되기를 진정 소원합니다. 4주년이 될 때 우리 모두가 깜짝 놀라는 기적을 경험할 것입니다. :(080907)

지금까지 지내온 것

뜻대로 되지 않은 것은 하나님의 뜻대로 되는 기회일 수 있다.
이제 내 뜻대로 마옵시고 주님의 뜻대로 하옵소서.
그리고 모든 것을 수용하고 모든 것에 감사하나이다.

2008년도 추수 감사절이다. 성시교회를 개척한 후 세 번째 맞는 감사절이다. 감사절을 맞을 때마다 새삼스럽게 감사할 제목들이 더 많이 떠오른다.

성경은 범사에 감사하라고 했지만 범사뿐 아니라 항상 감사, 평생 감사할 뿐이다. 지난 생애 모든 것이 감사 그 자체이지만 특히 성시교회를 개척한 이후 감사할 것이 너무나도 많다. 내가 목사가 되어 교회를 개척했다는 것 자체가 절대 감사의 제목이다.

물론 미국 유학시절 한 교회를 개척한 바 있다. 남가주 순복음교회가 그것이다. 로스앤젤레스 순복음중앙교회의 부목으로 3년간 섬기다가 공부에 전념하기 위해 교회를 사직했었다. 몇 분의 집사님들이 모여 교회를 개척하자고 했다. 주일에 설교만 해 주면 된다고 했다. 그래서 몇 가정이 시작하여 주일설교를 하기 시작하자 3년 만에 3백 명 가까운 성도가 되었다. 심방과 다른 사역이 없었는데도 주일과 금요철야 설교만으로도 교회가 성장하는 은혜를 체험했었다. 박사과정 마무리를 위해 조용기 목사님의 명령을 받아 그 교회를 사임하고 학업에만 전념하게 되었다.

그러나 역시 한 달도 못되어 담임목사가 부재중인 교회에서 1년간 설교목사로 섬기게 되었다. 그 교회가 지금은 수천 명의 성도가 된 어바인시 소재 베델교회이다. 당시 250여명 정도의 성도가 있었다. 매주 100Km 가까이 되는 거리를 운전하여 설교를 인도했다. 너무나도 아름다운 교회였다. 교회 부지만 수천 평이 되었고 강단에서 유리로 된 현관문 너머 푸른 초원 골프장이 보이는 성전에서 설교하던 생각이 그림과 같이 떠오른다.

1년이 채 되지 않아 성도 수가 배가 되었다. 박사학위를 마치던 날 그 교회에서 담임목사로 청빙하는 제의를 받았다. 약속을 지키기 위해 돌아가야 한다고 장로들을 설득해서 가까스로 귀국할 수 있었다. 우리 가족을 배웅하기 위해 공항에 나온 9명의 장로들 모습이 엊그제 같이 떠오른다. 그 때가 1990년이었다. 귀국하여 여의도교회에서, 한세대학교에서, 교회성장연구소에서 2005년도까지 15년간 정말 정신없이 사역했다.

또 갑자기 하나님께서 옮기신 곳이 바로 성시교회이다. 하나님의 은혜로 교회가 시작하자마자 부흥의 축복을 받았지만 힘든 시간도 없지 않았다. 특히 올해 5.18 이후 지난 6개월은 내 생애 가장 쉽지 않은 시간이었던 것 같다. 내 뜻대로 되지 않은 최초의 기간이었다.

그러나 내 뜻대로 되지 않은 것은 하나님의 뜻대로 되는 기회일 수 있다. 이제 내 뜻대로 마옵시고 주님의 뜻대로 하옵소서. 그리고 모든 것을 수용하고 모든 것에 감사하나이다. 이것이 나의 기도가 되고 있다. 교구를 통합하여 내가 직접 교구와 구역과 성도의 현장을 훑어가고 있다.

바쁜 시간이 더욱 바쁜 상황이 되었지만 감사가 물밀듯 올라온다. 나에게 이렇게 많은 성도를 주신 것이 감사하고, 그 성도들을 제대로 섬기지 못한 것을 회개하고, 이제 교구장이 아니라 평신도를 사역자로 세워서 함께 동역하는 목회를 말이 아니라 실제로 실행할 수 있으니 고마운 일이다.

평신도, 특히 구역팀장과 같은 소그룹 리더를 제대로 많이 세워서 진정한 의미의 협력목회를 세워 나갈 것이다. 이제 나는 담임목사 이전에 통합교구의 교구장이 되어 성도들에게 좀 더 가까이 가게 될 것이다. 교회 전체가 더욱 하나가 되고 더욱 거룩하게 될 것이다. 모든 역량을 총동원하여 전도하는 교회, 일터사도를 세우는 교회로 반드시 발전시켜 나갈 것을 굳게 결심하고 또 결심해 본다.

하나님, 성시교회를 주신 것을 감사합니다. 성시교회를 사랑합니다.

:(081116)

오바마의 기적

불가능을 가능으로, 절망을 희망으로,
냉소적 차별과 편견을 따뜻한 배려와 이해로 바꾸는 오바마의 기적,
나와 당신도 세상을 변화시킬 수 있다. 그리스도 안에서!

우스갯소리로 '오바마'를 '오직 주님만 바라보고 마귀를 때려잡는 사나이'라고 해석하여 성도들을 웃긴 적이 있다. 꿈보다 해몽이 좋다고 오바마에 대해 여러 가지 해석으로 적용하는 사람들이 있다.

그러나 오바마가 미국 역사상 최초의 흑인 대통령으로 당선된 지 채 한 달도 안되었는데 벌써 사람들의 머리와 입에서 오바마 이야기가 사라지고 있다. 사람은 망각의 동물이라 너무나 빨리 잊어버린다. 좋았던 일도, 끔찍하게 나빴던 일도, 세계적인 뉴스와 사건도 몇 날, 몇 달이 지나면 어느새 사람들의 기억 속에서조차 사라지고 만다. 언제 그런 일이 있었더냐 식으로 무감각해지고 무덤덤해진다.

엊그제 설교에서 감사의 방법 중 가장 좋은 것이 과거에 하나님께서 베푸신 은혜를 의도적으로, 그리고 정기적으로 기억하고 반복적으로 찬양하는 것이라고 했다. 어떤 것이든 좋은 것은 계속 기억하고 반추하고 다시 현재와 미래의 삶에 적용하는 것이 성공과 행복의 필수 요소임에 틀림없다.

이제 오바마가 대통령에 당선된 지 3주가 지났지만 다시 생각하고 정리하여 우리의 신앙과 생활에 적용하고자 한다. 오바마 리더십의 핵심은 변화(change)와 희망(hope)이다. 오바마가 당선직후 소감을 말했을 때 '변화' 라는 말과 '할 수 있다' 는 말(change & can)을 사용했다. 그가 선거기간 내내 외쳤던 단어이다.

불과 1년 전만 해도 오바마가 미국의 대통령이 될 것이라고 생각한 사람은 지구상에 거의 없었다. 민주당 후보 경선이 처음 시작되었을 때 힐러리가 41%의 지지를 얻은 반면 오바마는 겨우 17%에 불과했다. 그러나 그는 베트남 전쟁영웅인 공화당의 맥케인보다 두 배 이상의 선거 인단을 확보하여 대승을 거두었다.

대선 직전 터진 금융위기 대란은 오바마의 지지율을 더욱 높이는 계기가 되었으니 오바마는 단지 실력 이상의 운(세상말), 혹은 섭리(교회말)의 결과라고 할 수 있을 것이다. 제일 좋은 해석은 오바마의 아프리카 앞이름 '버락' 은 '신의 은총' 이란 뜻이니 오바마는 이름 때문에 하나님의 기적을 맛본 주인공이 되었다는 것이다.

오바마의 기적을 통해 배울 점이 몇 가지 있다.

첫째, 오바마는 절대긍정의 상징이다. 불가능을 가능으로, 절망을 희망으로, 냉소적 차별과 편견을 따뜻한 배려와 이해로 바꾸는 진정한 변화의 심벌이 되었다.

둘째, 약점을 강점으로 바꾸는 힘이다. 출신과 자라온 환경과 가정 등 모든 면에서 최악이었으나 그는 모든 부족한 점을 하나의 다이내믹한 라이프 스토리(역동적 삶의 이야기)로 엮어냄으로써 사람들의 마음에 감동을 주었다.

셋째는 통합의 힘이다. 빈부와 귀천, 백인과 흑인, 진보와 보수 등의 모든 대결구도를 미국적인 멜팅 팟(모든 것을 섞어서 하나의 가치 있는 것으로 만드는 죽과 같은 모습)이라는 실재로 만들어낸 쾌거가 그의 승리의 본질이다. 오바마 때문에 흑인뿐만 아니라 남미계와 아시안계조차도 미국의 리더가 될 수 있다는 희망을 준 것 하나만으로도 그는 큰일을 했다고 해도 과언이 아니다.

마지막으로 오바마의 기적에 대해 영적인 적용을 하련다. 오바마는 오늘의 예수님과 그리스도인의 모습을 투영해 준다. 우리도 세상을 긍정과 희망과 통합을 통해 하나님의 나라로 변화시키는 리더가 되어야 하리라. 오바마가 구세주라는 말이 아니다. 오바마의 갈 길은 험난하고 불투명하다. 사람들의 기대치에 최하위 수준도 채우지 못할지도 모른다. 그러나 그가 대통령이 되었다는 사실만으로도 오바마의 기적을 나의 기적으로 만들겠다는 결심과 적용의 재료가 되기에 너무나도 충분하다.

나와 당신도 세상을 변화시킬 수 있다. 그리스도 안에서!

:(081123)

—

1897500

—

마음 중에도 한마음이 가장 위대하다.
한마음이라는 것은 모든 지체가 다 참여하는 마음이요,
한 가지 목적과 방향 즉 하나님의 뜻으로 통합되는 마음이다.

초등부 어린이들 중 65명이 건축헌금 작정에 참여하여 올린 액수입니다. 앞으로 더 작정하여 모든 어린이들이 참여하도록 저금통을 나누어 주었다고 합니다. 8월초에 저금통을 회수하여 2차 중도금에 보태기로 하였답니다.

참 가슴이 찡해 옵니다. 교사들이 아이들에게 직접 작정하게 했는지, 아니면 학부모들을 통해 작정했는지는 모르겠지만 어린아이들이 마음을 모아 생애 첫 건축헌금을 작정했다는 사실이 감사하고 대견합니다.

이번에 건축헌금을 작정한 성도들 중에는 어린이를 대신하여 부모가 참여한 경우가 적지 않습니다. 자녀들 이름으로 따로 작정한 경우도 있는데 그 중에는 아기의 돌 반지를 드린 부모도 있습니다. 장애를 가지고 태어난 어떤 아기는 비록 엄마가 작정한 것이지만 그 아기에게 선물로 주어졌던 모든 패물을 팔아 75만원을 헌금하기도 했습니다. 자신의 장례비를 드린 경우도 있고, 또 자세하게 알려지거나 공개되지는 않았지만 그야말로 자신의 모든 것에 해당되는 옥합을 깨뜨린 경우도 있을 것입니다.

모든 교회에 모든 건축헌금 과정에는 이 같은 감동과 희생이 반드시 존재합니다. 나의 모교인 여의도순복음교회가 세계 최대의 교회가 된 것도 이 같은 성도들의 헌신 때문이었습니다. 그 교회는 단돈 백만 원으로 당시로서는 어마어마한 10억 공사를 시작했습니다. 믿음으로 1969년에 시작한 성전건축은 1970대초에 다가온 그 유명한 오일쇼크라는 홍해를 만나서 일 년 동안 공사가 중단되기도 했습니다. 황량한 여의도 벌판에 철근 골조가 흉물스럽게 방치되었습니다. 녹물이 떨어지기 시작했습니다. 더 이상 방치되면 공사가 재개되어도 이미 지어놓은 철근 골조를 다 허물어야 할 상황이었습니다.

당시 조용기 목사님은 생애 최대의 위기에 놓였다고 합니다. 오죽하면 먼저 지어놓고 분양되지 않은 아파트 옥상에서 투신자살까지 여러 번 생각했다고 합니다. 뛰어내리기 직전에 하나님께서 "죽을 용기가 있다면 끝까지 건축하고 죽으라"는 음성에 차마 자살을 시도하지 못했다고 합니다. 그 얼마나 다행스러운 선택이었는지 모릅니다.

목사님은 날마다 녹슨 골조 밑 강대상에서 눈물로 기도했습니다. 성도들이 그 기도에 동참하기 시작했습니다. 그러나 실제적인 문제는 해결되지 않았습니다. 헌금이 턱없이 부족했기 때문입니다.

그러던 어느 날 무릎을 꿇고 기도하는 목사님에게 어느 할머니가 밥그릇과 수저를 가지고 나왔습니다. 그 할머니는 자신의 유일한 재산이라며 대대로 내려온 놋그릇을 내어놓은 것입니다. 그 장면에 목사님도 성도들도 목 놓아 울었습니다. 그리고 너도 나도 자신의 재산을 내어놓기 시작했습니다. 집을 팔아서 초대교회 바나바처럼 목사님 앞에 내어 놓은 사람도 적지 않았습니다.

그 결과 여의도순복음교회는 1973년에 빌리 그래함 집회를 앞두고 완공할 수 있었습니다. 그 당시 빌리 그래함 전도집회 역사상 가장 성공적인 집회가 가능했던 것은 여의도라는 거대 광장과 여의도순복음교회라는 세계 최대의 교회가 있었기 때문입니다.

상기된 얼굴로 성도들을 집회장소와 숙소로 그 교회로 인도하던 사람들 중에 학생이었던 저 자신도 섞여 있었습니다. 당시 나는 부모님의 3년짜리 건축헌금 통장을 또렷이 기억합니다. 당시 장사를 하셨던 아버님은 들어오는 수입 중에 무조건 첫 수금을 건축헌금에 날마다 일수로 넣으셨던 것을 기억하고 있습니다. 그 결과 우리 사남매는 다 주님의 축복을 받아 오늘의 행복을 누리고 있습니다.

그렇습니다. 건축헌금은 돈이 아니라 마음입니다. 마음 중에도 한마음이 가장 위대합니다. 한 마음이라는 것은 모든 지체가 다 참여하는 마음이요, 한 가지 목적과 방향 즉 하나님의 뜻으로 통합되는 마음입니다.

한 사람도 빠짐없이 최선을 다할 때 어린 자녀들의 1897500은 천배, 만 배의 기적으로 열매를 맺을 것입니다.

하나님, 성시교회의 어린이들을 축복하소서!

성전 건축을 통한 성전 되기

성전건축의 의미는 헌신을 통하여 내 자신이 진정으로 예수님의 성전이 되는 것이다.
주님이 내 안에서 나의 진정한 주인이 되어 나를 다스릴 때 나는 주님의 성전이 될 수 있다.
성시교회는 건물성전에 머무르지 않고 사람성전으로 가득해질 것이다.

성전건축은 성경적이다. 왜냐하면 성경에 성전건축의 기사가 나와 있기 때문이다.

성경에 성전건축에 관한 기사는 구약에서 네 번 나온다. 모세의 성막(주전 15세기), 솔로몬의 성전(주전 10세기), 스룹바벨의 성전(주전 6세기), 그리고 헤롯성전(주전후 1세기) 등이 그것이다.

헤롯성전을 제외하고 모든 성전건축에 상세한 기사가 성경에 기록되어 있다. 모든 기사의 공통점은 첫째 성전건축이 하나님의 명령이라는 것, 둘째 하나님의 사람들이 헌신적으로 건축했다는 점, 셋째 하나님께서 기쁘게 받으셔서 크게 축복하셨다는 것이다. 각 성전건축에 감동적인 기사들이 첨가되어 있다.

출애굽한 이스라엘 백성은 하나님의 성전을 지으라는 명령을 받는다. 여호와께서 모세에게 말씀하셨다. "이스라엘 자손에게 명령하여 내게 예물을 가져오라 하고 기쁜 마음으로 내는 자가 내게 바치는 모든 것을 너희는 받을지니라"(출 25:2). 그러자 어른과 아이 할 것 없이 이때를 위하여 재물을 주신 줄로 믿고 앞다투어 하나님 앞에 재물을 너무 많이 가져와서 오히려 그만 가져오라고 명령할 정도였다(출 36:2-7). 솔로몬의 성전은 사실상 아버지 다윗이 지은 것이나 다름없었다. 다윗이 성전을 짓기 원했지만 전쟁에서 너무 피를 많이 흘렸기 때문에 하나님이 허락하지 않으셨다. 그러자 다윗은 성전건축을 위한 모든 준비를 마친 후에 솔로몬에게 성전건축을 맡겼다. 솔로몬은 성전건축을 통하여 백성들과 함께 말할 수 없는 축복을 받았다.

주전 959년에 완공된 솔로몬 성전은 유다가 멸망하는 주전 586년에 파괴되었다. 바벨론에 포로로 끌려간 유다백성에게 고레스왕의 명령으로 스룹바벨 등이 성전을 재건하기 시작했고 십수 년의 방해공작을 거쳐 주전 516년에 건축을 완료했다. 스룹바벨 성전은 성전보다 자신들의 집을 짓기에 바빴던 이스라엘 백성들에 대한 선지자의 책망(학 1:4-5)으로 인해 가까스로 완공될 수 있었다. 이에 대한 기록이 에스라, 느헤미야, 학개, 스가랴서에 자세하게 나와 있다.

성전구입은 성전건축이나 다름없다. 성전건축을 하면서 성경의 성전건축의 기사들을 자세하게 읽어보는 것이 필요하다. 왜냐하면 성전건축은 단지 건물을 짓는 것이 아니기 때문이다. 신약시대에는 성전이 건물의 개념을 뛰어넘는다. 예수 그리스도 자신이 바로 성전이시다(요 2:21). 말씀이 육신이 되어 우리 가운데 거하신다는 것이 바로 성전의 의미이다. 더 놀라운 개념은 예수를 믿는 우리 그리스도인이 바로 성령이 거하시는 성전이라는 것이다(고전 3:16). 예수님은 자신의 성전을 예수를 믿는 신앙고백 위에 지으시겠다고 하셨다(마 16:18). 예수님이 모통이 돌이 되셔서 우리 모두가 성전을 지어가는 것이 바로 신약교회의 개념이다(엡 2:20-22). 그런 의미에서 신약의 성전개념은 성도들 안에서 생명되신 그리스도가 증가하고 확장되는 것이다(골 2:19).

나는 이번 성시교회의 성전건축에 동참하는 것이 세 가지 테스트가 된다고 생각한다. 첫째는 내가 과연 예수님이 나의 구주와 주인이 되셔서 나의 가장 귀한 옥합을 주님께 드릴 수 있는 기회인가? 둘째는 성시교회가 과연 내가 끝까지 섬길 수 있는 '나의 교회'가 될 수 있는가? 셋째는 나와 나의 자손들에게 진정 하나님의 축복이 임하기를 원하는가? 등이다.

그러나 가장 중요한 성전건축의 의미는 이러한 헌신을 통하여 내 자신이 진정으로 예수님의 성전(교회)이 되는 것이다. 옥합이란 내가 가장 아끼는 것이다. 내가 할 수 있는 최선 이상이다. 옥합을 깨뜨릴 때 주님께서 내 안에 진정으로 확실하게 거하시게 되는 것이다. 주님이 내 안에서 나의 진정한 주인이 되어 나를 다스릴 때 나는 주님의 성전이 될 수 있다. 성시교회는 건물성전에 머무르지 않고 사람성전으로 가득해질 것이다.

주여, 우리가 성전이 되게 하옵소서! 성전건축에 한 사람도 빠짐없이 참여하게 하옵소서!

네 가지 사역

성시교회의 비전은 모든 성도를 일터사도로 세우는 것이다.
개인을 성공시키고, 가정을 행복하게 하고, 도시를 거룩하게 하고,
조국을 부강하게 하는 리더를 많이 배출하는 것이다.
이를 위해 하나님이 주신 비전이 2020 비전이다.

최근 들어 지난 4년 가까이 성시교회를 섬기면서 결론을 내린 것이 있다. 성시교회의 비전은 모든 성도를 일터사도로 세우는 것이다. 개인을 성공시키고, 가정을 행복하게 하고, 도시를 거룩하게 하고, 조국을 부강하게 하는 리더를 많이 배출하는 것이다.

이를 위해 하나님이 주신 비전이 2020 비전이다. 2020년까지 2만 명의 성도, 2천명의 리더, 2백대의 기업, 2십개의 교회를 세우는 이른 바 2만2천2백2십 비전이다.

이 비전을 이루기 위해서 필요한 전략은 무엇인가? 그동안 시행착오를 거치면서 여러 가지 목회전략과 프로그램을 실시해 보았다. 새 생명 전도축제도 했고, 알파코스도 진행했고, 새신자교육, 일독성경학교, 제자양육학교, 그리고 제자훈련을 실시해 오고 있다. 이 모든 것을 실행하면서 최근에 내린 목회적 결단이 있다. 그것은 모든 목회를 네 가지로 압축하여 그 네 가지에 목숨을 걸겠다는 것이다.

첫째는 모든 성도가 큐티를 하는 것이다. 큐티란 매일 하나님의 말씀

을 묵상하고 적용하는 경건의 시간(Quiet Time)이다. 대다수의 성도들은 주일예배만 참석한다. 일부의 성도가 수요예배, 금요철야, 구역예배 그리고 새벽기도회에 참여하기도 한다. 그러나 그들 중에 날마다 하나님의 말씀을 깊이 묵상하고 그 말씀을 삶에 적용하며 그 말씀대로 순종하며 사는 사람은 많지 않다.

예수를 제대로 믿고 하나님의 뜻대로 승리하며 살기 위해서는 날마다 하나님을 만나야 한다. 하나님을 날마다 만나는 가장 좋은 길은 매일 큐티를 하는 것이다. 날마다 큐티하는 성도는 쉽게 흔들리지 않는다. 사람의 말을 듣고 부화뇌동하지도 않는다. 조금 어려운 일이 있고, 조금 섭섭한 말을 들었다고 자기의 자리를 쉽게 포기하거나 교회를 떠나지 않는다. 왜냐하면 하나님의 살아계신 말씀이 그 삶을 붙잡아 주기 때문이다. 나는 성시교회의 모든 성도들이 교회의 공예배 외에 날마다 새벽기도 시간에 혹은 자신만이 가지는 시간에 큐티하는 성숙한 성도가 되기를 진심으로 기도한다.

둘째는 모든 리더를 일대일 양육자로 키우는 것이다. 현재 목자학교가 진행되고 있다. 가장 좋은 것은 강의식이 아니라 실제로 일대일로 양육을 받는 것이다. 일대일로 양육을 받는 자가 다시 양육자반의 교육을 받고 일대일 양육자가 되는 것이다. 성시교회 모든 성도들이 일대일 양육을 받는 동반자(양)가 되고, 다시 양육자반을 거쳐 양육자(목자)가 되기를 소원한다. 앞으로 제직이나 교회의 중요한 리더가 되는 사람은 최소한 일대일 양육자가 되어야 할 것이다. 온누리 교회에서 일대일 양육을 받고자 하는 사람을 일대일로 양육해 주도록 약속을 받은 상태이다. 제대로 일대일 양육을 받고자 하는 사람은 얼마든지 가능하다.

셋째는 구역 즉 소그룹을 반드시 활성화하는 것이다. 구역을 가급적 부부중심의 구역으로 세우고 구역팀장은 남성 위주로 헌신하도록 할 계획이다. 남성이 리더가 되는 것이 하나님의 창조질서를 회복하는 길이기 때문이다.

넷째는 전도형 교회로 변화시키는 것이다. 이를 위해 8월 18일부터 70명의 전도팀 훈련을 8주간 실시할 것이다. 전도의 프로와 전문가를 최소한 40명 이상 확보할 계획이다. 전도는 누구나 다 해야 하지만 전도의 프로가 나와야 한다. 전도의 프로가 모본을 보일 때 모든 성도가 전도하는 분위기를 경험할 수 있다. 우리 교회가 전도형 교회로서 모본이 될 때 하나님께서 성시화의 비전을 이루게 하실 것이다. 큐티, 일대일, 구역, 전도, 이 네 가지는 은혜로운 예배와 설교 그리고 성령의 역사의 틀 안에서 가장 효과적인 열매를 거둘 수 있다. 예배와 성령의 힘을 받고 이 네 가지에 전심전력 목숨 걸 때 하나님께서 반드시 우리 성시교회를 위대한 교회로 세워 주실 것이다.

하나님 성도들이 이 네 가지에 담임목사와 함께 목숨을 거는 교회가 되게 하소서!

일터사도란 누구인가?

세속적인 직업을 통해서도 얼마든지 주의 일을 할 수 있다.
그것이 바로 일터사도의 본질이다.
자신의 삶을 통해 하나님의 영향력을 세상에 끼치는 모든 활동이 주의 일이다.
그러한 삶을 사는 모든 평신도 리더는 일터사도이다.

성시교회의 가장 독특한 비전은 '일터사도'를 세우는 것이다.

일터사도(workplace apostle)란 일터에서 하나님의 나라를 세우기 위해 교회를 통해 파송된 평신도 리더이다.

일터사도의 두 가지 특징은 사회의 변혁과 재물의 이동이다. 즉 하나님은 일터사도를 통해서 세상과 사회를 보다 더 바람직한 상태로 변화시키시고, 일터사도에게 초자연적으로 물질의 축복을 허락하여 세상을 하나님의 나라로 만드시는 것이다.

그 구체적인 장면을 오늘 신문을 통하여 발견한다. 2009년 9월 15일자 국민일보 미션면 1면에 감동적인 기사 두 가지가 실렸다.

첫째 기사는 강원희 의료선교사의 이야기이다. 강원도에서 병원을 운영하던 강선교사는 48세되던 해인 1982년 하나님의 부르심을 받고 네팔로 떠났다. 그 이후 27년 동안 네팔과 스리랑카, 방글라데시, 에티오피아 등과 같은 세계에서 가장 가난한 나라를 찾아다니며 의술이 닿지 않는 오지의 불쌍한 사람들을 위해 헌신해 오고 있다. 한국에서 의

사로서 대접받고 풍요롭게 살 수 있음에도 불구하고 사서 고생을 하는 이유는 하나님의 사랑 때문이라고 한다. 이제 75세가 되었음에도 불구하고 잠시 안식년을 지낸 후 다시 네팔로 떠날 예정이라고 한다. 이로 인해 그가 섬겼던 나라들에 그리스도의 복음과 하나님의 사랑이 퍼져 나가고 있다. 이 사람이 바로 우리가 의미하는 일터사도이다.

또 다른 기사는 대한모방 창업자인 김성섭 장로의 이야기이다. 자수성가하여 돈을 많이 번 김성섭 장로는 자신이 번 돈 중에서 20억을 교회에 특별헌금하고, 10억을 장로회신학대학교에 장학기금으로 기부했다. 목회자가 되고 싶었던 김 장로는 목회자의 길이 하나님의 뜻이 아닌 것을 깨닫고 사업가로의 삶을 선택했다. 교회를 통해 받은 은혜를 헌금함으로 갚고, 사업을 통해서 얻은 이익을 영적 지도자를 키우는 학교에 기부함으로써 이룰 수 없는 목회의 꿈을 이룬 것이다.

목사와 선교사만 되어야 주의 일을 하는 것이 아니다. 세속적인 직업을 통해서도 얼마든지 주의 일을 할 수 있다. 그것이 바로 일터사도의 본질이다. 자신의 삶을 통해 하나님의 영향력을 세상에 끼치는 모든 활동이 주의 일이다. 그러한 삶을 사는 모든 평신도 리더는 일터사도이다. 일터사도는 유명하거나 큰 돈을 벌어야만 되는 것이 아니다. 지위나 소유가 아니라 존재 자체가 하나님의 영향을 끼치면 모두 일터사도가 될 수 있다.

미션면 다음 페이지에 작은 기사로 소개된 박주현 청년이 그 같은 예이다. 22세의 박주현은 개척교회 목사의 아들이다. 너무 가난해서 피아노를 치고 싶어도 마음뿐이었던 그는 초등학교 4학년때 이웃의 도움으로 피아노학원에서 처음으로 레슨을 받았다. 그 이후 예원학교에 수석 합격하고, 국비로 공부할 수 있는 오스트리아 잘츠부르크 국립대학에 서 중고등학교를 마친 후 미국 예일대학 음악대학원에 전액 장학금으로 합격했다. 그는 하나님이 주신 재능을 통해 하나님을 영화롭게 하는 일에 헌신하고 싶다면서 장애인학교를 설립하여 어려운 학생들을 많이 도와주겠다는 꿈을 말한다. 이같은 사람이 바로 일터사도이다.

같은 날짜 조선일보에는 소설가 신경숙 씨를 소개한다. 최근의 골깊은 불황에도 불구하고 출판사상 최단기간에 그가 쓴 소설 '엄마를 부탁해'가 백만부를 돌파하여 10억의 인세를 받게 되었다는 것이다. 신경숙 씨가 만약 그리스도인이라면 그는 일터사도의 삶을 살 수 있는 가능성을 엄청나게 가진 셈이다.

일터에서 한 사람이라도 영혼을 구원하고 세상을 변화시킬 수 있다면 그는 일터사도이다. 우리 모두 교회에 출석만 하는 신자가 아니라 세상을 정복하고 다스리는 일터사도가 되는 꿈을 갖자.

주여, 성시교회 모든 성도가 일터사도가 되게 하소서!

우리의 기도에 응답하신 하나님

우리 성도가 교회에 올 때마다 속죄, 성령, 축복, 치유, 천국의
오중복음의 은혜를 풍성하게 받으시기를 바란다.
은혜만 받을 뿐만 아니라 예배, 교제, 교육, 사역, 전도와 선교의
오중목적의 사명을 감당하는 교회가 되기를 축복한다.

지난 2010년 9월 14일 성시교회 창립 5주년 기념 및 새 성전 입당예배를 오전과 오후 두 차례에 걸쳐 성대하고 은혜롭게 잘 마쳤습니다.

유난히 더웠던 올해 여름 내내 두 차례에 걸쳐 세이레 성회를 6주 동안 연속으로 준비했습니다. 아름다운 성전을 주셨는데 성전에서 할 수 있으면 기도를 쉬지 않고 드리는 것이 가장 중요하다고 생각했습니다. 그래서 기쁨으로 매일 저녁 성경의 위대한 성공자를 만나면서 기도드렸습니다.

그 기도가 응답되었습니다. 14일 새 성전은 위아래 가득 차게 되어 늦게 오신 분은 앉을 자리가 없었습니다. 무엇보다 강사로 오신 조용기 목사님과 와그너 목사님이 너무 은혜로운 말씀을 전해주셨습니다. 조 목사님은 〈기도응답의 비결〉에 대해서 말씀 주셨습니다. 소경 바디매오가 그 눈을 뜰 수 있었던 비결은 첫째 눈을 뜨고 싶다는 강렬한 소원이 있었고, 둘째 주님께 가서 구하면 반드시 눈을 뜰 수 있다는 믿음이 있었고, 셋째 자신이 눈뜨는 기적을 날마다 바라보았다는 것입니다.

소원과 믿음과 기대가 바로 기도 응답의 조건이요 성공과 기적의 비결입니다. 수없이 들었던 내용의 말씀이지만 목사님 특유의 강력한 기름부으심이 있었습니다. 목사님의 말씀대로 우리 모두의 개인의 꿈과 교회의 비전이 반드시 이루어질 것입니다.

저녁에 있었던 와그너 박사님의 메시지도 놀라웠습니다. 〈통치명령〉(Dominion Mandate)이라는 제목으로 주신 말씀의 핵심은 전도명령이나 사랑명령보다 더 우선되고 더 먼저 된 명령입니다. 창세기에 하나님께서 하나님의 형상으로 만드신 아담에게 생육하고 번성하고 정복하고 다스리라고 명령하셨습니다. 즉 아담과 인류는 세상을 정복하고 다스리는 권세를 받았습니다. 그런데 하나님께 불순종함으로 그 권세를 사탄에게 빼앗겼습니다. 예수님께서 오셔서 그 권세를 다시 우리 그리스도인에게 회복시켜 주셨습니다.

그러므로 우리는 세상을 다스리는 통치명령을 수행해야 하고, 또 수행할 수 있습니다. 세상을 다스리는 통치의 방법은 교회(종교)뿐만 아니라 다른 여섯 가지 영역, 즉 가정, 교육, 정치, 경제, 언론, 문화(예술)의 일곱 산(7 Mountains)에서 그리스도인이 머리, 즉 일터사도가 되어야 합니다.

이 놀라운 말씀으로 모든 참석자들은 남은 생애 교회뿐만 아니라 세상에서 리더가 되고자 하는 새로운 꿈을 가지게 되었습니다. 오전에 조용기 목사님을 통해서 우리 자신의 꿈을 이루게 하시고, 저녁에는 와그너 목사님을 통해서 하나님의 꿈을 이루게 하셨습니다.

세계적으로 크게 쓰셔서 함부로 모시기 어려운 두 분을 우리 교회에서 동시에 모신 것은 그야말로 세계적으로 유례가 없는 일입니다. 두 분 모두 연로하신 분이지만 열정적으로 말씀을 전하셨고, 또 매우 행복해하셨습니다. 개인적으로 두 분을 좀 더 가까이 모시고 새로운 축복과 기름부음을 받았습니다. 이제 이 기름부음을 통해 성시교회 모든 성도를 하나님의 위대한 지도자로 세우는 일에 전심전력할 것입니다.

입당예배에 오신 분들마다 교회가 너무 좋다고 하셨습니다. 성전도 아름답고 리모델링한 지하도 좋고 무엇보다 위치와 환경이 빼어나다고 하십니다. 감사한 일입니다. 우리 성도들, 그리고 앞으로 오실 새가족이 행복한 성도가 되기를 바랄 뿐입니다. 나 자신 행복한 목사가 될 것입니다.

우리 성도가 교회에 올 때마다 속죄, 성령, 축복, 치유, 천국의 오중복음의 은혜를 풍성하게 받으시기를 바랍니다. 은혜만 받을 뿐만 아니라 예배, 교제, 교육, 사역, 전도와 선교의 오중목적의 사명을 감당하는 교회가 되기를 축복합니다. 오중복음의 은혜를 받고 오중목적의 사명을 감당하는 3H 주십소 일터사도의 꿈이 이루어지는 교회가 되기를 축복합니다.

일터사도 학교

모든 성도가 다 일터사도가 되어야 한다.
능력과 소명과 섬김과 인격과 기사와 표적이 일터에서 일어나야 한다.
그리스도인들이 세상의 리더가 되어 세상을 하나님의 나라로 바꿀 수 있어야 한다.
단지 교회의 일꾼이 아니라 세상의 리더가 되어 왕의 권세를 행사할 날이 올 것이다.
"하나님의 나라가 임하시옵소서!"

2008년 9월 18일부터 일터사도 학교(Workplace Apostle School) 제 1기가 개강되었다. 일터사도 학교(이하 WAS라고 함)는 성시교회의 궁극적 비전이다.

성시교회의 비전 선언문은 "사람들로 하여금 예수믿고 성령받고 훈련받아 세상의 빛과 소금되어 행복하게 살도록 도와주는 것이다". 예수 믿는 것은 복음화, 성령받는 것은 성령화, 훈련받는 것은 제자화, 세상의 빛과 소금되는 것은 성시화이다. 복음화를 위해서 새가족 행복학교, 성령화를 위해서 성령수양회, 제자화를 위해서 성경학교와 제자양육학교, 그리고 제자훈련이 진행중이다.

이제 마지막 단계인 성시화를 위해서 그 초급과정으로 준비한 것이 '일터사도 학교' 이다. 일터사도 학교는 세상을 하나님의 나라로 만들기 위해 일터를 교회로 만드는 일터사도를 세우는 것이 목적이다. 전체 10주 과정으로 매주 목요일 저녁에 모여 강의, 교육, 소그룹, 기도의 시간을 가지는 것이 기본 골격이다. WAS의 목적은 (1) 영적, 물질적 축복을 받고 (2) 세상을 변혁시키는 일터를 세우고 (3) 일터를 교회로 만드는 전도와 선교에 힘쓰고 (4) 사람들에게 복지를 제공하고 지역사회에 영적 자본을 구축하는 것이다. WAS의 학생들은 공부하기 전에 세 가지를 선포한다. "나는 하나님의 자녀요, 예수님의 증인이요, 교회의 사역자요, 세상의 지도자이다". "하나님은 나의 사업을 통해 세상을 하나님의 나라로 변혁시키신다". "하나님은 나의 사업에 거대한 물질의 이동을 허락하신다".

주교재는 일단 오스 힐만의 〈일터사역〉을 사용하고 있는데 얼마나 은혜가 되는지 모른다. 학생들은 미리 읽어오는 예습을 통해 저자의 메시지를 익힌다. 담임목사는 그 내용을 정리한 것을 강의한다. 그리고 매 과마다 나와있는 성경공부 가이드를 가지고 소그룹 토의에 들어간다. 각자 일터에서 어떻게 살 것인지, 믿음으로 자신을 먼저 변화시킴으로 일터와 세상을 새롭게 할 것인지에 대해서 결단하고 적용한 후에 합심으로 기도한다. 학생들은 매주 참고도서를 추천받아 읽는다. 강제적인 것은 아니지만 매주 한 권씩 책을 읽는다면 교재와 함께 10주동안 10권의 중요한 책을 읽는 것이 됨으로 보다 풍성한 학습이 가능하다.

이 독서훈련만 제대로 받아도 자신과 일터, 더 나아가 삶 전체가 완전히 달라질 수 있다. 주일에 전통교회에만 참석하고 나머지 대부분의 삶은 주님과 관계없는 주일신자의 자화상에서 가정과 일터가 바로 교회가 되고, 삶과 모든 세상의 일이 바로 주님의 일이 되는 혁명적인 변화가 다가올 것이다.

일터사역에서 가장 강조하는 주장이 바로 "당신의 일이 바로 사역이다”(Your business is your ministry)라는 말이다. 이제 더 이상 자신이 원하는 방법대로만 살면서 실제적으로는 하나님께 불순종하는 삶을 사는 인생이 되지 말아야 한다. 자기가 하고 싶은 일만 하고서 주일에 교회에 나와 예배만 드리고 헌금만 드리면 모든 것이 다 잘될 것이라고 믿으면서 살 수 없는 것이다.

주님은 “무엇을 하든지 하나님의 영광을 위하여 하라”고 하셨다(고전 10:31). 또 “무엇을 하든지 말에나 일에나 다 주 예수의 이름으로 하고 그를 힘입어 하나님 아버지께 감사하라”고 하셨다(골 3:17). 교회에서만 아니라 가정과 일터에서 이러한 생활예배(life worship)가 이루어져야 한다.

모든 성도가 다 일터사도가 되어야 한다. 능력과 소명과 섬김과 인격과 기사와 표적이 일터에서 일어나야 한다. 그럴 때 그리스도인들이 세상의 리더가 되어 세상을 하나님의 나라로 바꿀 수 있는 것이다.

주님은 “하나님의 나라가 가까이 왔다”라고 하셨다. 이제 평신도를 통하여 그 마지막 예언이 이루어질 것이다. 단지 교회의 일꾼이 아니라 세상의 리더가 되어 왕의 권세를 행사할 날이 올 것이다.

“하나님의 나라가 임하시옵소서!”

예 언

이 예언이 어떻게 이루어질지 너무나 흥분된다.
순간적으로 받은 예언임에도 불구하고
나의 상황과 미래에 대해 너무나도 정확하게 말씀하신 것이다.
주여, 주님의 예언이 이루어지게 하옵소서!

누군가로부터 하나님의 예언을 받은 것은 미국 유학시절 신디 제이콥스로부터 받은 것이 처음이다.

당시 나는 내 스승인 피터 와그너 교수가 인도하던 수련회에 참석하고 있었다. 그 때 신디 제이콥스가 백명 남짓한 학생과 목회자들을 대상으로 예언을 하고 있었다.

신디 제이콥스는 가정주부로서 와그너 교수를 위해 중보기도를 하기 시작하더니 세계적인 중보사역자가 되었다. 그녀는 중보사역을 하면서 예언의 은사를 받았다. 수많은 사람에게 예언의 말씀을 주어 그들의 앞길을 인도하고 있었다.

지금도 신디 제이콥스는 전 세계 수천만 명의 중보자들을 위해 기도하고 예언하는 사역을 감당하고 있다. 평범한 가정주부도 하나님의 은사를 받으면 세계적인 사역자가 될 수 있다는 결정적인 모본이 되고 있다.

신디 제이콥스의 예언을 받은 와그너 교수는 그의 평생직장이었던 풀러 신학교 교수직을 정년 1년 앞두고 사직하였다. 그리고 콜로라도 스프링스에 새로운 신학교인 와그너 리더십 연구소(WLI, Wagner Leadership Institute)를 세우는 일에 순종했다.

자신의 제자였던 신디 제이콥스의 중보사역과 예언사역에 세계적인 영적 지도자가 겸손하게 순종하는 획기적인 일이었다. 그 예언에 순종한 결과 와그너 교수는 80이 다 되는 나이에도 불구하고 그 어느 때보다 더 크게 주님께 쓰임받고 있다.

그가 세운 신학교는 전 세계에 수십개로 확장되었고 수많은 사역자들을 훈련시키고 있다. 그 때 신디 제이콥스가 여러 사람을 예언하기 위해 앞으로 불러냈다. 그 중에 나도 불러냄을 받은 한 사람이 되었다.

그 때 받은 예언의 핵심은 내가 연구소를 세워 수많은 사람들을 교육시킨다는 것이다. 그 예언을 받은 대로 내가 박사학위를 받고 귀국 후 교회성장연구소를 세우고 수많은 목회자와 교회 지도자들을 교육하고 훈련시키는 사역에 10년 이상 전심전력하게 되었다. 예언은 반드시 이루어진다.

그런데 이제 두 번째로 20년 만에 세계적인 예언사역자인 척 피어스 목사의 예언을 받게 된 것이다. 지난 2009년 1월 14일 오후 1시, 잠실 롯데호텔에서 받은 예언은 다음과 같다.

"주님이 말씀하십니다. 너는 새로운 계획을 세울 것이라. 다른 사람들이 하지 못하는 새로운 계획을 세울 것이니 그 때문에 실의에 빠지지 말라. 여유를 가지고 해나갈 것이라. 이 일을 도우려고 많은 사람들이 네게 올 때 여기저기서 일꾼들을 모아 새로운 방식으로 일하게 되리라. 장기적으로 유지될 새로운 체계를 확립하게 되리라. 저항하는 사람들이 있었지만 올해 그 중 몇몇과는 함께 일할 기회가 다시는 없을 것이며 나머지 사람들은 함께 나아가고자 할 것이다. 사람들이 너에게 동조하며 나아가려 하지 않을지라도 용기를 잃지 말라. 옛 체계를 대신할 기발하고 매우 중요한 사람들을 네게 붙여주리니 계속 나아가라."

이 예언의 핵심은 세 가지이다.

첫째, 새로운 사역을 세울 것이라는 것이다. 나는 이것이 바로 내가 남은 생애 헌신할 '일터사도 세우기'임을 즉각적으로 알게 되었다. 목회자에게는 일터사도를 세우는 목회를, 평신도에게는 일터사도로 사역하게 하는 일을 위해 본격적으로 뛰어들 것이다. 국내에서만이 아니라 해외선교지에서도 일터사도 세우는 새로운 목회철학이 확산될 것이다.

둘째는 새로운 사람을 얻게 될 것이라는 것이다. 나의 새로운 사역을 위해 많은 사람들이 나에게 올 것이다. 나를 실망시키는 사람들은 떨어져 나가고 끝까지 충성할 사람들을 남겨주실 것이다.

셋째는 장기적 사역을 위한 새 체계를 세우게 될 것이라는 것이다. 나에게 가장 필요하고 중요한 것을 지적한 것이다. 최근 내가 여러 가지 일 때문에 많이 힘들었는데 이 예언이 얼마나 큰 힘이 되는지 모른다.

이 예언이 어떻게 이루어질지 너무나 흥분된다. 순간적으로 받은 예언임에도 불구하고 나의 상황과 미래에 대해 너무나도 정확하게 말씀하신 것이다.

주여, 주님의 예언이 이루어지게 하옵소서!

사도행전적 교회를 꿈꾼다

사도행전을 묵상하면서 내가 목회하는 성시교회가 바로 그 최초의 교회, 신약교회,
성령이 세우시고 목회하신 교회, 바로 그 초대교회를 본받고자 하는 열망이 생겼다.

6월부터 큐티책을 바꾸면서 사도행전을 묵상하고 있다. 사도행전은 성령행전이고 교회행전이다. 성령께서 임하실 때 교회가 탄생했다. 성령이 임하자 제자들이 증인이 되었고 권능을 받아 땅 끝까지 복음을 전했다. 평범한 사람들이 사도가 되었다. 겁쟁이요 배신자요 도망자였던 제자들이 온 도시와 나라를 뒤흔들었다.

사도행전을 묵상하면서 내가 목회하는 성시교회가 바로 그 교회가 되기를 소원하게 되었다. 여기저기 세상의 유명한 교회를 본뜰 것이 아니라 최초의 교회, 신약교회, 성령이 세우시고 목회하신 교회, 바로 그 초대교회를 본받고자 하는 것이다.

바로 그 교회는 예수님의 교회론으로 출발한다. 예수님이 세우신 교회가 바로 사도행전의 교회인 것이다. 사도행전을 읽어나가면 사도행전적 교회의 특징이 떠오른다.

첫째 특징은 예배가 살아있는 교회이다. 예배는 성령의 임재요 하나님의 영광이다. 귀신이 떠나가고 천국이 임하고 하늘의 은사가 나타난

다. 예배에 성공해야 인생에 성공한다. 단지 설교만 듣는 것이 예배가 아니다. 하나님을 만나는 체험이 있어야 한다. 하나님의 음성을 듣는 것이다. 하나님을 만나서 삶이 변화되는 것이다. 나는 설교를 할 때마다 '삶이 변화되는 메시지'(life-changing message)가 되도록 최선을 다해 기도하고 준비하려고 한다.

둘째 특징은 기도하는 교회이다. 사도행전의 교회는 다락방 기도회로 출발했다. 기도에 힘쓰고, 한마음으로 기도에 힘쓰고, 오로지 기도에 힘쓰는 교회이다. 사도행전을 읽다보면 교회는 바로 기도라는 사실을 알게 된다. 사도행전의 기도는 기도의 동지들이 늘 함께 하는 기도였고, 기도의 목적이 분명하여 성경말씀을 따라 드리는 기도였고, 기도를 하면 반드시 응답이 나타나고 그 기도를 실천하고 순종하는 기도였다. 주님이 가르쳐준 기도의 원리대로 열정이 있는 기도, 응답을 확신하는 기도, 더 좋은 것을 기대하는 기도였다. 나는 성시교회가 지금보다 더 기도에 힘쓰는 교회가 되기를 바란다. 교회에 오는 가장 큰 목적이 기도하는 것이 되기를 소원한다.

셋째 특징은 성령이 충만한 교회이다. 교회의 설립부터 성령께서 역사하셨다. 성령은 교회의 창시자일 뿐만 아니라 관리자이시다. 교회는 바로 성령이시다. 성령이 임재하는 교회, 항상 성령을 생각하는 교회, 성령이 지시하고 주도하는 교회, 성령의 음성이 들리는 교회, 성령의 체험이 모든 교인들에게 임하는 교회이다. 성령을 제한하지 않는 교회가 되기를 소원한다. 사람이 자기만큼 성령을 제한한다는 말이 있다.

넷째 특징은 사랑이 충만한 교회이다. 성도들이 성령받고 기도한 후에 자기의 소유를 팔아서 필요한 사람들에게 나누어주는 원시 공산주의 공동체이다. 자기의 것을 자기의 것으로 주장하지 않았다고 한다. 나누는 교회, 베푸는 교회이다.

다섯째 특징은 복음을 전파하는 교회이다. 사도행전의 성도들과 사도들은 기회 있을 때마다 전도했다. 예수님의 십자가와 부활과 이름을 소리 높여 전했다. 그 결과 구원받은 사람들이 처음부터 3천명, 5천명씩 되었다. 교회는 바로 전도이다.

여섯째 특징은 기적이 나타나는 교회이다. 성령께서 역사하실 때마다 기사와 표적이 나타났다. 방언과 은사가 나타나고, 귀신과 저주가 떠나가고, 병든 자가 치유되고, 앉은뱅이가 일어났다. 교회는 기적이다.

일곱째 특징은 평신도가 사역하는 교회이다. 사도행전은 사도들이 교회를 주도했지만 평신도들이 함께 동역했다. 사도들은 말씀과 기도에 전무하고 평신도들이 모든 사역을 담당했다. 그래서 진정한 공동체가 가능했다.

예배, 기도, 성령, 사랑, 전도, 기적, 평신도, 이 일곱 가지가 빛나는 무지개 교회(rainbow church)가 우리 교회가 될 것을 바라본다.

주여, 성시교회가 사도행전적 교회가 되게 하소서!

하나님의 목적에 미친 사람

하나님께서는 우리가 믿지 않는 사람들에게 그리스도를 소개하고,
그들을 그리스도의 공동체 안으로 들어오게 하며, 그들을 영적으로 성숙하게 하여,
공동체 안에서 섬김의 위치를 발견하게 해주고, 결국 그들이 다시 다른 사람들을 전도하도록
그들을 세상으로 내 보내야 한다."

구정 연휴기간 동안 조지 메이어(George Mair)가 쓴 〈A Life with Purpose〉(목적과 함께 한 릭 워렌)을 읽었다. 이 시대 최고의 목회자 릭 워렌 목사의 전기이다. 저자는 미국 최고의 전기 작가이다. 미국 최고의 전기 작가가 미국 최고의 목사 이야기를 일목요연하게 정리한 것이다.

익히 알고 있는 내용들이 대부분이지만 다시 한 번 목적이 이끄는 삶과 교회에 대해서 새삼스레 감동을 받았다. 단지 자극을 받은 것 이상의 새로운 결단의 시간이었다.

릭 워렌 목사는 2만 명의 성도를 가진 새들백교회의 담임목사이다. 그의 책 '목적이 이끄는 삶'은 전 세계적으로 2천 5백만 권이나 팔렸다. 워렌 목사는 그 아버지 지미 워렌 목사 때부터 목적이 이끄는 삶을 실제로 살았다. 평생 교회와 목회자와 교구를 돌보다가 죽을 때에도 "예수님을 위하여 한 사람이라도 더 전도해야 한다"는 유언을 남길 정도로 워렌 목사의 아버지는 신실한 주의 종이었다.

어린 시절부터 목적에 미친 아버지를 보고 자란 릭 워렌도 이미 고등학교 시절부터 '사람낚는 어부 클럽'이라는 전도단을 만들어 복음을 전하는 삶을 살았다. 대학시절과 신학교 시절 이미 책을 2권이나 집필할 정도로 연구하고 정리하여 가르치는 은사가 탁월했다.

워렌 목사는 대학시절 결정적인 두 사람을 만나게 된다. 국제전도협회의 창시자인 빌리 행크스가 텍사스에서 직접 비행기를 타고 워렌을 만나러 와서 워렌이 남침례교 신학교에 들어가도록 권면했다. 또 수백 킬로미터를 달려 당시 가장 큰 교회 목사였던 크리스웰 목사를 만나게 되어 안수를 받고 크리스웰 목사의 교회보다 두 배나 큰 교회를 목회하도록 축복을 받는다.

워렌 목사를 세우기 위해 하나님께서는 그의 아버지를 포함한 세 명의 특별한 주의 종을 사용하신 것이다. 워렌은 확신과 초점이 분명했고 성경과 예수 그리스도를 진정으로 사랑했다. 그는 생의 목적을 건강하고 성장하는 교회를 만들 수 있는 이론을 찾고 적용시키는 일에 모든 것을 걸었다. 그 결과가 바로 새들백교회이고, 목적이 이끄는 삶의 운동이다. '하나님의 목적을 이루고 사람의 필요를 채우는 교회', 이것이 바로 릭 워렌의 교회론이다.

가장 간단하면서도 가장 중요한 이 교회의 비전을 나는 성시교회 비전으로 다시 한번 받아들이기로 했다. 인생의 목적은 인생 자체가 아니라 하나님이다. 인간의 행복이 아니라 하나님의 영광이 첫째 목적이 되어야 한다. 목회를 하면서 많은 사람들이 죄책감과 분노, 화, 두려움, 물질주의 그리고 다른 사람으로부터 칭찬받고 싶어하는 욕구 등 부정적인 생각이 지배를 받고 있다는 사실을 알게 되었는데 똑같은 상황을 워렌 목사도 경험했다. 그 해결책이 바로 목적을 이루는 교회가 되는 것이다. 오직 하나님을 기쁘게 하는 삶을 살 때 모든 문제가 해결되는 것이다.

나는 다시 한번 릭 워렌의 핵심 메시지가 우리 성시교회에 재 적용될 것을 믿고 기대한다. "하나님께서는 우리가 믿지 않는 사람들에게 그리스도를 소개하고, 그들을 그리스도의 공동체 안으로 들어오게 하며, 그들을 영적으로 성숙하게 하여, 공동체 안에서 섬김의 위치를 발견하게 해주고, 결국 그들이 다시 다른 사람들을 전도하도록 그들을 세상으로 내 보내야 한다."

그리고 워렌의 전 세계를 위한 '평화비전'(PEACE)에 동참하고자 한다. 교회개척(Plant churches), 지도자개발(Equip leaders), 가난구제(Assist the poor), 병자치유(Cure the sick), 다음세대교육(Education) 등의 5중 비전이 우리교회의 동일한 비전이 되기를 기대한다.

우리 모두 '하나님의 목적에 미친 사람' 이 되게 하소서!

:(080217)

하나님 나라는 두세 사람으로부터

세상 모임은 그들만의 모임이지만, 우리 모임은 예수님이 함께 하시는 모임이다.
그 하나님 나라는 두세 사람으로부터 시작되는 것이다.
당신이 바로 하나님의 나라이다.

우리 교회 뒷산이 있어 너무 좋다. 장마철 비가 오락가락 한다. 우산을 받쳐 들고 물에 들어가도 좋은 샌들을 신고 집을 나섰다.

산에 오를 때 보면 혼자 다니는 사람 절반, 두세 사람 함께 올라가는 무리 절반이다. 가장 많은 사람들은 두 사람, 그것도 여성들이다. 얼굴에 자외선 차단 철가면(사실 면가면이다)을 쓰고 지팡이를 들고 배낭까지 짊어진 중무장의 모습이다. 높은 산도 아닌 작은 동산을 올라가는 사람들이 유명 메이커의 현란한 등산복을 입고 올라가는 모습이 우습기만 하다.

아무 옷이나 간편한 차림으로 물 한 병 들고 올라갔다 내려갔다 하는 사람, 특히 중년 이상 노년의 남자들이 사실 마니아들이다. 왕복 한두 시간밖에 안 되는 거리에 모양내기보다는 체력단련을 위해서 실제로 운동하는 사람들이 그들이다.

많은 경우 운동과 더불어 두 사람씩, 혹은 세 사람씩 이야기 삼매경에 빠져 천천히 올라가는 여성들을 보면서 여자들은 참 말하기를 좋아

하는 존재라는 생각이 든다.

항상 처음 20분 동안은 힘들다. 땀이 나고 경사진 언덕을 올라가기 숨차다. 그러나 참고 계속 올라가면 땀이 나면서 온 몸에 피가 빠른 속도로 순환하기 시작한다. 3~40분이 지나면서 몸의 불편한 기가 빠져나간다. 침침한 눈이 밝아지고, 뻐근한 근육이 풀어진다. 심한 두통조차도 산행으로 치유될 수 있다.

언젠가 너무 머리가 아팠지만 참고 두 시간 산행을 하니 거짓말처럼 사라졌다. 이래서 사람들이 산을 찾는 것이다. 높은 산, 유명한 산을 싸우듯이 정복하는 것도 좋지만 동네 작은 산등성이를 찾아 나서는 산행이야말로 건강과 행복과 감사의 통로이다.

우리나라는 정말 복받은 나라이다. 온 국토가 다 산이요, 쳐다보는 산이 아니라 올라가고 내려가고 만지면서 즐길 수 있는 산이 우리가 사는 어느 곳이나 지천에 깔려 있기 때문이다. 북한산 같은 산은 세계적인 산이다. 그런 산이 한두 시간 내에 널려 있고, 얼마든지 큰 돈 들이지 않고 올라갈 수 있는 산이 가까이 있다는 것이 얼마나 큰 축복인가! 마음을 비우고 천천히 걷는 것은 실로 우리의 몸과 마음을 치유하고 회복하는 최고의 길이다.

나는 이 같은 산행을 '치유 걷기'(healing walk)라고 부르고 싶다. 산을 내려와서 고민을 상담하기 위해 어느 성도와 찻집을 찾았다. 그곳에는 테이블마다 여성들이 두세 사람씩 모여 이야기의 꽃을 피우고 있다. 차 한 잔 시켜놓고 무슨 사연이 그렇게 많은지 열심히 이야기하고 웃고 떠든다.

그 모습을 바라보면서 "아, 저것이 바로 셀이구나"라고 생각했다. 두세 사람, 소그룹이 모여서 삶을 나누고 함께하는 모임이 바로 셀(cell)이다. 셀은 몸을 이루는 기본적인 생명세포이다. 교회에서 이 같은 생명세포인 셀 그룹이 활성화되어야 건강한 몸, 건강한 교회가 될 수 있다.

저렇게 재미있게 이야기하고 나눌 수 있는 소그룹이 성도들의 삶에 있어야 한다. 단지 성경을 공부하고 예배를 드리는 모임이 아니라 주님 안에서 마음을 열고 삶을 나누고, 기쁨과 슬픔, 성취와 상처를 드러내고 이야기함으로써 자신의 문제, 타인의 문제가 스스로 치유되고 해결될 수 있는 것이다.

그리스도인의 셀은 세상 사람들이 산행을 하면서, 아니면 커피를 마시면서 두세 사람이 만나 삶을 나누는 것 이상이다. 마태복음 18장에서 예수님은 "두세 사람이 내 이름으로 모인 곳에는 나도 그들 중에 있느니라"고 하셨다.

세상 모임은 그들만의 모임이지만, 우리 모임은 예수님이 함께 하시는 모임이다. 그러니 더 문제가 해결되고, 병이 치유되고, 고민이 해결되고, 성공과 행복과 기쁨, 더 나아가 의와 평강과 희락의 하나님 나라가 임하는 것이다.

그 하나님 나라는 두세 사람으로부터 시작되는 것이다. 당신이 바로 하나님의 나라이다. :(20110717)